Laços
Afeto de

LAÇOS DE AFETO

Copyright © 2002 by Wanderley Oliveira

3ª Edição | 46ª reimpressão | Fevereiro 2020 | 53,4º ao 55º milheiro

Dados Internacionais de Catalogação Pública (CIP)

DUFAUX, ERMANCE (Espírito)

Laços de Afeto: Caminhos do amor na Convivência

Pelo espírito Ermace Dufaux; psicografado por Wanderley Oliveira

2ª ed. - Belo Horizonte: Dufaux, 2002

313 pág. - 16 x 23 cm

ISBN: 978-85-63365-05-7

1.Espiritismo   2. Espiritualidade   3. Relações humanas

I.Título   II.OLIVEIRA , Wanderley

CDU — 133.9

Impresso no Brasil | Printed in Brazil | Presita en Brazilo

EDITORA DUFAUX

Rua Contria, 759 – Alto Barroca

Belo Horizonte – MG – Brasil

CEP: 30431-028

Telefone: (31) 3347-1531

comercial@editoradufaux.com.br

www.editoradufaux.com.br

Conforme novo acordo ortográfico da língua portuguesa ratificado em 2008.

Os direitos autorais desta obra foram cedidos pelo médium Wanderley Oliveira à Sociedade Espírita Ermance Dufaux (SEED). Todos os direitos reservados à Editora Dufaux. É proibida a sua reprodução parcial ou total através de qualquer forma, meio ou processo eletrônico, digital, fotocópia, microfilme, internet, cd-rom, dvd, dentre outros, sem prévia e expressa autorização da editora, nos termos da Lei 9.610/98 que regulamenta os direitos de autor e conexos.

Série
Harmonia Interior

WANDERLEY OLIVEIRA
pelo espírito Ermance Dufaux

Laços
Afeto de

*Caminhos do Amor
na Convivência*

Sumário

APRESENTAÇÃO | HARMONIA INTERIOR | 17

Laços de afeto é marco de uma série que carinhosamente intitulamos "Harmonia Interior", cujo objetivo é destacar particularidades contidas nas obras básicas do Espiritismo. Nesse projeto um grupo de espíritos amigos que compartilharam as vivências da educação e ciências afins, somam esforços, esperançosos e felizes por terem a abençoada oportunidade de estabelecer pontes com o mundo físico, cooperando com o redirecionamento das teorias pela ótica da imortalidade na qual estagiamos em exuberante vida e plenitude.

PREFÁCIO | O MILÊNIO DE JESUS | 21

As sociedades espíritas fraternas serão construídas por homens e mulheres mais dóceis, cordiais, confiantes e amigos. A criação dessas novas relações é garantia de uma aprendizagem mais bem aproveitada, favorecendo melhor assimilação dos conteúdos e sua consequente aplicação no desenvolvimento de habilidades morais e emocionais, tão escassas na convivência entre as criaturas diante da pressão nas lutas da vida terrena. Teremos assim, mais afeto, melhor ambiente e bem-estar para conviver e maior motivação para servir e aprender.

PARTE 1

A pedagogia do afeto na educação do espírito

CAPÍTULO 1 | A PEDAGOGIA DO SER | 31

O amor é a competência essencial que deve fundamentar qualquer conteúdo de nossas escolas espirituais para aprendermos a amar a nós mesmos, ao próximo e a Deus.

CAPÍTULO 2 | APRENDER A AMAR | 37

Não existe amor ou desamor à primeira vista, e sim simpatia ou antipatia. Amor não pode ser confundido com um sentimento ocasional e especialmente dirigido a alguém. Devemos entendê-lo como o sentimento divino que alcançamos a partir da conscientização de nossa condição de operários da obra universal, e que a medida que construído será um estado afetivo de plenitude, incondicional, imparcial e crescente.

CAPÍTULO 3 | PESTALOZZI E A EDUCAÇÃO DO CORAÇÃO | 41

A visão pestaloziana de educar, além de pioneira é perfeitamente compatível com a meta maior do Espiritismo que é o desenvolvimento moral da humanidade pela educação integral do homem bio-sócio-psíquico-espiritual.

CAPÍTULO 4 | KARDEC E A EDUCAÇÃO INTEGRAL | 45

O objetivo maior da vinda do homem à Terra é a sua evolução espiritual e tal finalidade só será alcançada à medida que aprendermos a amar porque o amor é o decreto sublime do universo para o crescimento e para a felicidade de todos os seres.

CAPÍTULO 5 | MATURIDADE AFETIVA | 51

A reconstrução do afeto, portanto, é fator de reeducação do coração que vai burilando e refazendo as vivências, dia após dia, através do convívio na busca da dilatação da sensibilidade.

CAPÍTULO 6 | EDUCAÇÃO DO AFETO | 53

O afeto tem força descomunal sobre a inteligência dos raciocínios manifestando a intuição, a fé e a capacidade de escolha com mais sintonia com o bem.

CAPÍTULO 7 | CORROSIVOS DA SENSIBILIDADE | 57

Existem profundas matrizes psicoemocionais no aparelho mental que funcionam ativamente como inibidores do afeto, compondo vigorosas dificuldades para as fibras da sensibilidade ampliarem o sistema da afetividade do ser integral. Adquiridos em milênios de insistente rebeldia e repetição no erro, tais impedimentos fazem parte desse desafiante processo autoeducativo nos rumos da aquisição do patrimônio do amor.

CAPÍTULO 8 |DESENVOLVIMENTO DA SENSIBILIDADE | 59

Jesus, na condição de eminente psicólogo, asseverou que por causa da iniquidade o Amor de muitos esfriaria, conforme se lê em Mateus, capítulo 24, versículo doze. Essa iniquidade também presente na seara espírita não deve nos impedir a idealização de projetos cujo perfil seja centrado em relações afetuosas e compensativas.

CAPÍTULO 9 | CENTRO ESPÍRITA E AFETO | 65

Como o centro espírita pode ajudar no fortalecimento de laços de amor entre seus integrantes? Como pode auxiliar na ampliação da sensibilidade?

CAPÍTULO 10 | KARDEC E A UNIFICAÇÃO | 71

Após cansativa viagem, Kardec é recebido em Broteaux, Lyon, por um casal simples e amorável e naquele instante elevado de aperto de mãos, sela-se entre o sr. Rivail, aristocrata de Yverdon, e aquele operário humilde, um clima de concórdia e respeitabilidade que jamais se apagou na tela mental de ambos. Ali se consagrou, no regime do mais puro amor, o primeiro encontro de dirigentes espíritas que consolidou laços de estima e duradoura fraternidade - a alma das ideias espíritas.

PARTE II

Caminhos do amor na convivência

CAPÍTULO 1 | HUMANIZAÇÃO NA SEARA ESPÍRITA | 77

Quando falamos em humanização nos referimos à contextualização que é oferecer aos dirigentes espíritas os instrumentos para que possam fazer dessa informação a sua transformação espiritual. Conhecimento no cérebro quando é vivenciado tem o nome de saber. E saber, em outras palavras, quer dizer aprender as respostas e os caminhos para desenvolver seus potenciais humanos na construção da felicidade própria e daqueles que nos rodeiam. O saber é o conhecimento intelectivo que foi absorvido pelo coração.

CAPÍTULO 2 | RELAÇÕES SOCIOAFETIVAS | 87

A presença de pessoas afetuosas em nossas vidas nunca é esquecida, cria marcas, deixa lembranças para o futuro e é forte dose de estímulo ao idealismo superior no presente. Sobretudo, essas pessoas deixam saudades e saudade é o sentimento de quem sente falta de alguém. Amigos verdadeiros deixam saudades.

CAPÍTULO 3 | AMOR E ALTERIDADE | 95

Isso é alteridade: o estabelecimento de uma relação de paz com os diferentes, a capacidade de conviver bem com a diferença da qual o outro é portador.

CAPÍTULO 4 | RECEPÇÃO, ATENDIMENTO E INTEGRAÇÃO | 103

Algumas das diretrizes dos recepcionistas fraternos são: a espontaneidade com moderação, preparo interior pela oração para espalhar magnetismo salutar, conhecimento das necessidades alheias, disposição íntima de ser útil e servir, finura no trato e o sorriso afetuoso.

CAPÍTULO 5 | COMPORTAMENTOS HIPÓCRITAS | 111

Eis um assunto para nossos debates. Como ajudar esses trabalhadores? O centro espírita tem criado um programa para ensinar os processos da transformação íntima? Tem havido clima nos grupos para que os tarefeiros possam dialogar construtivamente sobre seus conflitos? Ou temos nos iludido ao transferir responsabilidades pessoais para as ações obsessivas de desencarnados?

CAPÍTULO 6 | HABILIDADE ESSENCIAL | 119

Jesus, como sempre, é o modelo. Em momento algum do seu ministério de amor O percebemos em atitude de dar destaque ao mal; hábil e vigilante, sabia sempre onde o mal se ocultava e procurava erradicá-lo sem o evidenciar.

CAPÍTULO 7 | CONDUTORES AFETUOSOS | 125

Como dispõem sempre de afeto cristão, fazem-se fonte de estímulo, esperança e diretriz no encaminhamento das soluções para todos que lhes partilham a convivência.

CAPÍTULO 8 | REBELDIA, MATRIZ DE DISTÚRBIOS | 131

O lúcido Allan Kardec indaga com felicidade na referência de apoio: "Que adianta conhecer o Espiritismo e não se tornar melhor? Façamos continuamente essa autoavaliação para jamais esquecermos de que as linhas libertadoras do comportamento espírita vão bem além do dever, penetrando as esferas do amor incondicional e da humildade obediente aos desígnios do Pai.".

CAPÍTULO 9 |CUIDADOS DE AMOR | 139

Cuidar é uma palavra que merece atenção especial de todos nós. Os cuidados com a vida, com o próximo, com a natureza e conosco traduzem a atenção e o empenho para com as questões pertinentes ao coração e as responsabilidades de cooperadores na obra do Universo.

CAPÍTULO 10 | MEDITAÇÃO EMOCIONAL | 143

A meditação emocional é uma forma de lidarmos com a afetividade, estimulando-a sob a influência de visualizações mentais criativas, sadias e moralmente enobrecedoras. Por isso, inserimos abaixo pequenas frases de estímulo que poderão servir de introdução para projetarmos a mente no dia a dia do trabalho doutrinário, e extrairmos os conteúdos de reavaliação e autoexame, brindando-nos com pequenos clarões no despertamento do afeto.

CAPÍTULO 11 | RESGATANDO OS SONHOS | 151

Nesse aspecto, a função do centro espírita será resgatar a capacidade de sonhar, e instrumentalizar o homem de recursos morais-espirituais que o auxiliem a tornar verdadeiros os seus ideais nas linhas do dever e da libertação incorruptível.

CAPÍTULO 12 | DIVERGÊNCIA E DISSIDÊNCIA | 157

A divergência de ideias é uma necessidade a qualquer grupo ou pessoa que deseje o crescimento real. Onde todos pensam uniformemente há muito campo para o radicalismo de opiniões, à dissimulação de sentimentos e à fragilidade de elos emocionais para formação de relações sadias. Saber conviver com opiniões contrárias é saber emitir ideias sem a carga emocional da vaidosa pretensão.

CAPÍTULO 13 | PAIXÃO E AMOR | 163

O verdadeiro amor, ao contrário de tudo isso, é uma construção lenta, feita dia após dia. É um desenvolvimento efetivado pela entrega total e pela responsabilidade com os deveres assumidos junto ao outro. É uma parceria que tende a crescer, na medida em que o par ou grupo cultivam os valores da cooperação espontânea, do apoio incondicional, da valorização mútua, do diálogo e outros tantos caminhos que fazem da relação uma amizade preciosa e boa de viver, sem os ímpetos infantis e arriscados da paixão.

CAPÍTULO 14 | O TESTE DOS CARGOS | 171

Allan Kardec não se furtou de aplicar sobre ele a sua lente de observações sensatas e meticulosas. Vejamos que em nossa citação de abertura, o Codificador constata a relação existente entre o título de sócio e a visão pessoal que pode estabelecer perturbações ao conjunto, quando o cargo é utilizado para fazer valer direitos.

CAPÍTULO 15 | ESPÍRITAS NO ALÉM | 179

"Filha, os dramas espirituais são resultados da semeadura terrena, obrigando o lavrador da vida a colher os frutos do que plantou, conforme a lei dos méritos. Assim sendo, o maior drama daqueles que se internam na 'Enfermaria do Espiritismo' não está na infeliz colheita de sofrimento aqui, na vida extrafísica, mas sim no dia a dia da experiência terrena quando recusam-se, na condição de doentes, a ingerir o remédio da renovação interior. Conscientes do que existe para além da morte, deveriam se submeter a urgente metamorfose afetiva, acionando os recursos da educação com vontade firme e muita oração. O esclarecimento, mesmo constituindo luz e conforto, por si só, não basta ao sublime empreendimento.

CAPÍTULO 16 | SOB A LUZ DO AMOR | 187

Apesar de erguermos juntos o estandarte da caridade, vezes sem conta abandonamos o imperativo de aplicá-la também nas nossas relações com quantos nos partilham o clima das atividades doutrinárias.

CAPÍTULO 17 | SEVERA INIMIGA | 193

Como acentua o lúcido Kardec, agem através de surdos manejos, que passam despercebidos, e no campo do afeto espalham a dúvida, a desconfiança e a desafeição. São instrumentos da discórdia. Sentindo-se inferiorizados face às comparações que estabelecem com os bem-sucedidos, destacam os aspectos menos úteis da ação alheia.

Capítulo 18 | Flexibilidade nos julgamentos | 203

Difícil tema dos relacionamentos, porque além de convivermos com aquilo que os outros pensam que somos, ainda temos que separar aquilo que pensamos que somos, daquilo que realmente somos, deixando claro que nem mesmo nós próprios, em muitos lances, sabemos avaliar com a precisão necessária as causas de nossas ações.

Capítulo 19 | Nos leitos da caridade | 213

Estudemos mais sobre a caridade relacional e compreendamos melhor os benefícios da vivência do afeto em favor de nosso futuro espiritual, porque então descobriremos, pelo estudo e pela vivência, que amar é vigoroso preventivo que elimina grande parte de nossas dores provacionais na escola da convivência.

Capítulo 20 | Plenitude na gratidão | 219

Ser grato é ser melhor e crescer; é ter na lembrança os benfeitores de ontem, é aprender a fixar-se nas circunstâncias felizes da existência, é devolver à vida os créditos que nos beneficiaram, é aprender a superar queixas e desgostos com a reencarnação dilatando o espírito de desprendimento e aceitação, sem deixar de buscar o progresso.

Capítulo 21 | Melindre nos centros espíritas | 225

As criaturas educadas emocionalmente têm sempre respostas adequadas ao teste do melindre. Reagir com equilíbrio, elaborar soluções criativas aos impasses e agir com espontâneo amor são respostas de quem é dotado de farta inteligência emotiva, obtida em batalhas nas vivências do Espírito que amadureceu para a vida. O melindre é a pobre resposta do sentimento agredido.

CAPÍTULO 22 | CASAS OU GRUPOS? | 231

O centro espírita, enquanto casa, precisa reciclar seus paradigmas, contextualizar seus métodos, renovar sua forma de agir e decidir, agilizar suas atividades para atendimento dos inumeráveis e surpreendentes desafios que ora danificam as vidas humanas com dores intensas.

CAPÍTULO 23 | CALABOUÇO DOS SENTIMENTOS | 237

Dá-lhe tudo que tens, assim como fez a viúva pobre do Evangelho,[1] depositando nesse coração que esmola carinho e piedade a honra das atitudes nobres, ensejando-lhe uma mensagem, pelo exemplo, de que se pode amar sem possuir e gostar sem dominar, convidando-o a comportamentos novos e íntegros moralmente.

CAPÍTULO 24 | AMIZADE, ELIXIR DOS RELACIONAMENTOS | 247

Essa ausência de ternura entre os membros de um mesmo núcleo, guardando distanciamento, é empobrecedor para nossas realizações. Quando os componentes se amam, se conhecem, quando se estabelecem relações de confiança e respeito, as atividades ganham viço, estímulo e produtividade.

CAPÍTULO 25 | ELOS ENTRE DOIS MUNDOS | 253

Como os grupos têm acolhido os desencarnados? Como dispensar afeto a quem não se vê na vida extrafísica, se não se dispõe a cativar os que estão contigo na vida da carne? Que acolhida terão os que vagueiam itinerantes em busca de rota e luz, se a recepção na casa espírita é feita entre farpas de discórdia e do entrechoque de ideias, em desentendimentos enfermiços entre seus próprios trabalhadores?

---

[1] Marcos, 12:44

Capítulo 26 | Benefícios do conflito | 257

Os homens estiveram em desatinado conflito com Jesus, com suas ideias, com suas movimentações, embora Ele, pacífico e sereno, conduzia os provocantes a mergulharem em si mesmos e a descobrirem suas insatisfações, frustrações e raízes de suas emoções perturbadoras, com as quais intentavam afetar o equilíbrio do Mestre.

Capítulo 27 | Homogeneidade no Grupo | 267

Grupos homogêneos são os que guardam uma certa atração para um ideal comum, um objetivo claro, e que têm uma visão compartilhada de seu futuro, de onde querem chegar, para onde se dirigem. Em torno desse ideal compartilhado, nascido de dentro para fora e constituindo as aspirações de todos, tem-se a chave da homogeneidade.

Capítulo 28 | Autoamor | 271

Aprender o autoamor é arar a terra mental para *ser*. Quando o alcançarmos, recuperaremos a serenidade, o estado de gratificação com a vida, a compreensão de nós mesmos, porque o sentimento será então um espelho translúcido das potencialidades excelsas depositadas em cada um de nós pela inteligência suprema do universo.

Capítulo 29 | Humanização e segurança | 281

Por isso, se verdadeiramente queremos segurança e estabilidade, busquemo-la na vivência do afeto, e afeto não se desenvolve sem convivência e proximidade, sem permuta e disposição de aprender, sem servir e trabalhar. Eis porque as atividades assistenciais de nossa seara, entre inúmeras vantagens, propicia ao homem solitário e inseguro vigorosos estímulos não encontrados em quase nenhuma experiência social.

CAPÍTULO 30 | EDUCANDÁRIO DO AMOR | 289

Nesse sentido chamamos a atenção de grande parte de nossos dirigentes espíritas que têm ouvido e amparado muitos corações, não possuindo, por sua vez, quem lhes possa orientar ou avaliar seus esforços. Sozinhos, sentindo-se na obrigação de darem o melhor de si, terminam por afundar-se em posturas de aparente vitalidade moral; entretanto, seu mundo interior, frequentemente, vagueia para as fronteiras com o colapso da sua saúde mental e afetiva.

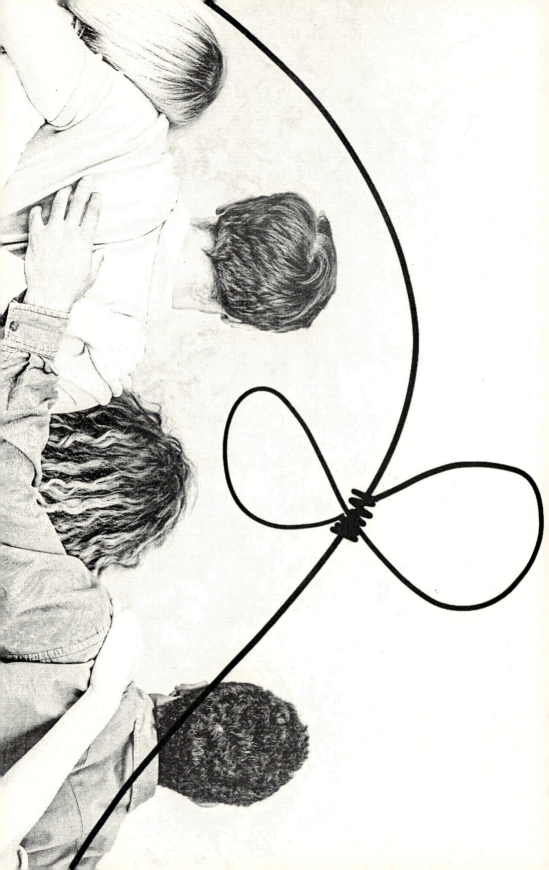

APRESENTAÇÃO

Harmonia interior

"Convidamos, pois, todas as Sociedades Espíritas a colaborar nessa grande obra. Que de um extremo ao outro do mundo elas se estendam fraternalmente as mãos e eis que terão colhido o mal em inextricáveis malhas".

O livro dos médiuns – capítulo 29 – item 350.

Johann Heinrich Pestalozzi estabeleceu em sua filosofia o princípio da interação afetiva como fonte estimuladora do entendimento e da aprendizagem. A autora de *Laços de afeto* lhe segue os passos e determina como fio condutor de suas abordagens, as relações afetivas que favorecem uma convivência educativa e plena.

Essa interação rica de amor nas atividades humanas constitui a essência da educação onde quer que ela se manifeste, embora Ermance Dufaux coloque o centro espírita na condição de escola em potencial para a construção de relacionamentos afetuosos, libertadores e gratificantes. Ermance convida a comunidade espírita para uma reflexão sobre a necessidade de se criar recursos que incentivem o cultivo da amizade e da fraternidade como base dos projetos no bem, realizados por essas organizações.

Vínculos emocionais superiores despertam forças sublimes do ser que, para vir à luz, apelam para condições excepcionais de sensibilidade. Por outro lado os bloqueios condicionados há séculos na subconsciência solicitam fatores consistentes de confiança e respeito para surgirem sob seus cuidados que atuarão como valiosa medicação preventiva.

Discreta por estilo, Ermance Dufaux procura evitar citações nominais, embora sua pesquisa se inspire em muitos pensadores que abrilhantaram as academias humanas na conquista de sólidos conhecimentos para o progresso social. Realizando as necessárias adaptações e evitando as abordagens técnicas ela busca subsídios em Carl Gustav Jung, Sigmund Freud, Jean Piaget, Howard Gardner, Daniel Goleman, Emmanuel Lévinas, Vygotski, Jürgen Habermas, Antoine de Saint Exupery, apenas para citar alguns dos expoentes a que recorreu em seu trabalho. No entanto, destacamos que a base estrutural de sua literatura é Jesus, o pedagogo sublime e insuperável, Pestalozzi e Allan Kardec.

Laços de afeto é marco de uma série que carinhosamente intitulamos "Harmonia Interior", cujo objetivo é destacar particularidades contidas nas obras básicas do Espiritismo. Nesse projeto um grupo de espíritos amigos que compartilharam as vivências da educação e ciências afins, somam esforços, esperançosos e felizes por terem a abençoada oportunidade de estabelecer pontes com o mundo físico, cooperando com o redirecionamento das teorias pela ótica da imortalidade na qual estagiamos em exuberante vida e plenitude.

Semelhante iniciativa vem em boa hora considerando os avanços culturais do mundo nesse setor, pois a UNESCO prioriza a inspirada diretriz dos pilares educacionais para a humanidade do século 21, propostos pelo relatório Jacques Delors.[2] Inaugura-se um tempo novo para os roteiros de aprendizagem assentados nos quatro pontos: aprender a ser, a fazer, a conviver e a conhecer, em favor de uma educação mais humanitária e centrada em valores e habilidades do homem, assumindo sua verdadeira condição de condutor de sua jornada de crescimento em direção à felicidade e à paz.

Agradeçamos juntos a Deus, Pai de amor infinito, pelas perspectivas de *Laços de afeto* que chega por meio da palavra confortadora e afetuosa, repleta de estímulo e ponderação

---

[2] A fundação francesa Jacques Delors se encarregou de organizar o relatório desenvolvido por vários especialistas de todo o mundo que compõem a Comissão Internacional sobre Educação para o Século 21. Este relatório, concluído em 1996, é a base da UNESCO para orientar seus projetos de ação. Maiores informações no livro *Educação - um tesouro a descobrir* - Editora Cortez - MEC.

de nossa amiga Ermance. Diante da responsabilidade que nos aguarda, renovemos nossos ideais e caminhos para atendermos ao sábio convite de Allan Kardec, recebido há mais de 150 anos, trabalhando para que todas as sociedades espíritas colaborem na grande obra regenerativa da humanidade implantando, primeiramente, em suas atividades, o clima do amor cristão e humanitário, envolvendo em seguida todas as demais instituições similares, de um a outro extremo do mundo, com abundante fraternidade, dissipando as sombras do mal.

Helena Antipoff.
Belo Horizonte, fevereiro de 2001.

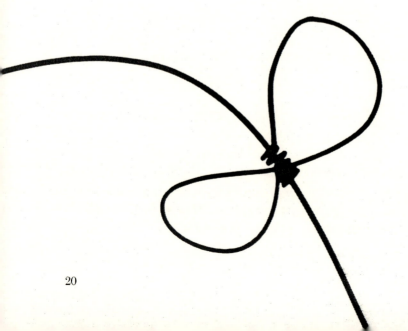

PREFÁCIO

O milênio de Jesus

"Bem-aventurados os limpos de coração,
porque eles verão a Deus;"

Mateus, 5:8.

Com essa obra homenageamos os dois mil anos do nascimento de Jesus, comemorados hoje na Terra. Celebramos a data relembrando o amor - centro das propostas educacionais do Mestre.

Para nossas anotações, buscamos inspiração em Allan Kardec, Seu discípulo da Nova Era, tomando por base o excelente tratado de vida interpessoal contido no capítulo 29 de *O livro dos médiuns*, "Das Reuniões e das Sociedades Espíritas". A atualidade das questões enfocadas pelo codificador, sobre relacionamentos entre companheiros de ideal, é roteiro consistente e seguro para a edificação da convivência harmoniosa.

Nesta obra, propomos a meditação e o estudo conjunto a partir de fatos colhidos no trabalho, aqui e acolá, destacando a importância da afetividade como degrau para autênticas relações de amor e base para a criação de

O milênio de Jesus

um clima espiritual, ideal nas instituições fraternais do Espiritismo.

A afetividade é tema de profundos estudos e pesquisas científicas na humanidade, porém, objetivando conduzir os textos para o coração e a meditação, dispensamos o rigor técnico que exigiria pesquisa intelectual dos conteúdos abordados, tarefa essa que vem sendo desenvolvida por competentes cooperadores, em ambos os planos de vida, com expressiva clareza e utilidade.

Alertamos os leitores, especialmente os espíritas, para evitarem estabelecer nossas abordagens como manual prático de vida, transformando os apontamentos em psicologismo[3] ou regras de felicidade imediata. Chamamos a atenção para esse ponto por constatarmos uma disposição humana de santificar ideias provenientes de intercâmbios mediúnicos, convertendo-as em caminhos coletivos da verdade ou normas de soluções fáceis ante os problemas da existência. Cada um deverá absorver nessa ou naquela consideração algo que contribua para seu crescimento, utilizando sempre a relativização do saber, do entendimento e da experiência.

---

[3] Tendência para tentar fazer com que prevaleça o ponto de vista da psicologia sobre o de outra ciência qualquer, numa questão comum.

Portanto, nada fizemos além de reunir temas sugestivos para o debate amigo e sincero entre equipes de serviço e estudo, priorizando abordagens extremamente necessárias nas agremiações inspiradas pela luz espírita. Selecionamos alguns itens de valor do capítulo 29 de *O livro dos médiuns* e sugerimos o estudo minucioso desse texto por acreditarmos que constituirá investimento incomparável para a preparação dos colaboradores.

No futuro, educadores e outros especialistas, cientes de seus deveres sociais e espirituais, poderão contribuir muito para o desenvolvimento de nossas ideias, levando ao centro espírita os recursos diversos de sensibilização e aprimoramento das relações entre as criaturas, colaborando com o aprimoramento da vida afetiva por meio de recursos que facilitem a compreensão das leis e mecanismos do coração. Programas educativos do afeto farão parte dos círculos de amor do Espiritismo em tempo não muito distante.

As sociedades espíritas fraternas serão construídas por homens e mulheres mais dóceis, cordiais, confiantes e amigos. A criação dessas novas relações é garantia de uma aprendizagem mais bem aproveitada, favorecendo melhor assimilação dos conteúdos e sua consequente aplicação no desenvolvimento de habilidades morais e emocionais, tão escassas na convivência entre as criaturas diante da pressão nas lutas da vida terrena. Teremos assim, mais afeto, melhor ambiente e bem-estar para conviver e maior motivação para servir e aprender.

Os resultados serão sentidos na ampliação da criatividade para solucionar os problemas, na solidariedade aos projetos de amor desenvolvidos por outros colaboradores, na superação das fronteiras institucionais, no suporte emocional às lutas individuais para alcançar as metas de melhoria interior e, sobretudo, na disposição com os deveres assumidos junto à comunidade, que serão executados com mais comprometimento e cuidados nascidos na colaboração espontânea.

Assim, laços de confiança e fraternidade, tecidos com o fio da sensibilidade, resultam em alegria no viver, ânimo para a luta diária, força para os instantes de fragilidade e prova, e inclinação para o próximo no rompimento dos costumeiros limites que nos mantêm sob o domínio do egoísmo pessoal ou grupal, distanciando-nos uns dos outros na seara que é a mesma e é de todos.

Trabalhar por esta meta é o desafio que compete a todos ante as responsabilidades delegadas pelo divino Rabi e pelo exemplar codificador, Allan Kardec.

As bases fraternais da convivência entre os espíritas são os sinais da esperança acenando com as melhores perspectivas para os serviços a serem estabelecidos no terceiro milênio. Essa é a única garantia de relações que sejam capazes de nos conduzir a empreendimentos enobrecedores no campo do espírito.

Trabalhar nas fibras do sentimento para desenvolver o potencial do afeto cristão significa direcioná-lo para realizações elevadas do relacionamento na expansão do ser. árdua tarefa reeducativa considerando-se os extensos reflexos de narcisismo e paixão, vividos por nós ao longo dos séculos.

Sociedades espíritas afetivas só se concretizam com corações dispostos a amar, e o amor é suscetível a treino e educação para a consolidação de uma conduta amorosa, libertadora e preenchedora.

O Espiritismo nos abre as portas do entendimento para compreendermos Deus, mas após milênios de naufrágios nas águas turbulentas do religiosismo sem amor, nos convém sentir Deus além de saber sobre Deus, pois é pelas vias sagradas do sentimento que ocorre a fixação dos valores divinos em nós, conduzindo a crença para os domínios da fé racional, mas também transformando o coração no espelho daquilo que realmente conseguiremos ser, orientando-nos sempre pelas luzes da imortalidade da alma.

O Guia e Modelo, consciente desse assunto, esclareceu que quem mantivesse o coração limpo veria a Deus e ver Deus é criar a sublime empatia com Sua obra, vibrando em sintonia com Sua criação, condição essa somente alcançada quando nos envolvemos na aura do Seu amor.

Como unidade do Espiritismo, a casa espírita precisa ser promovida ao nível de escola de afeto cristão a fim de não estacionar na superficialidade da proposta do Espírito Verdade onde a afetividade é o centro das esperanças de um tempo melhor e a bússola segura para encontrar a felicidade em relacionamentos gratificantes e libertadores para a humanidade.

Espiritismo estudado é preciosa chave da informação no cérebro. Espiritismo sentido é libertação espiritual pela transformação do coração.

O terceiro milênio será o verdadeiro tempo de Jesus, cuja mensagem estará liberta de preceitos incontestáveis e das negativas tradições para ser vivida em espírito e realidade.

Esperançosa em ter colaborado, mesmo que palidamente, com o objetivo de instaurar um novo tempo para nossas agremiações, muito nos alentará saber que nossas palavras, pelo menos, serviram para deixar claro que a grande causa de nossas vidas é o amor uns pelos outros, acima de quaisquer postulados de caráter doutrinário ou religioso, conforme já foi afirmado pelo Pastor de nossas vidas: "Nisto todos conhecerão que sois meus discípulos, se vos amardes uns aos outros."[4]

Mais de dois milênios sem ti Senhor, mais de dois mil anos que proclamamos Seu nome sem honrar Seus ensinos. Ampara-nos para fazermos do terceiro milênio a *Era do espírito imortal*, para favorecer nosso encontro Contigo. Fortalece-nos para transformarmos nossos grupos em celeiros de paz e harmonia, legítimos *Educandários do amor*, fiéis a Seus ensinos, conduzindo a sociedade para um milênio de justiça e lucidez sob a segurança de Sua bondade. Auxilia-nos, Senhor, a limpar nosso coração para merecermos a tão almejada condição de bem-aventurados.

Obrigado, Jesus, pelo Seu amor durante esses últimos dois mil anos.

ERMANCE DUFAUX.

Belo Horizonte, dezembro de 2000.

---

[4] João 13:35

PARTE 1

A pedagogia do afeto na educação do espírito

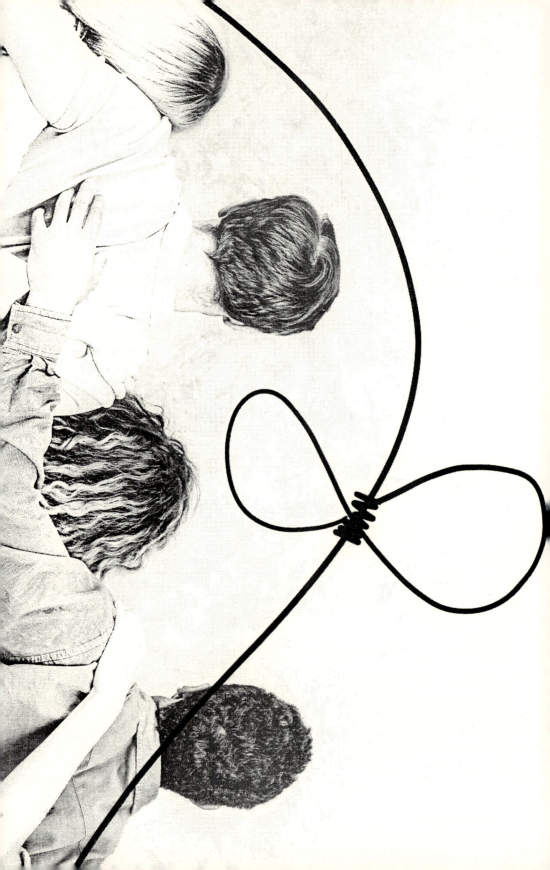

Capítulo 1

A pedagogia do ser

Jesus é o Mestre. Nós, os aprendizes.

A reencarnação é a sublime matrícula no aprendizado.

A Terra é a incomparável escola do Espírito.

O amor é a lição essencial.

O afeto é a pedagogia do ser.

O centro espírita é o excepcional núcleo educativo da alma.

Eis uma síntese do que propomos desenvolver nesta primeira parte, destacando as nossas casas como educandários, sem precedentes na sociedade, para o desenvolvimento da competência essencial do amor.

O afeto é um dos pilares do desenvolvimento humano saudável, uma habilidade que abre largas portas para a entrada do amor porque ser afetivo é trabalhar com o sentir. Diríamos assim que a afetividade é um degrau para o amor e amar é desenvolver-se para ser, verbo que traduz o existir divino ou o viver para a felicidade, Ser é educar-se, é externar o amplo contingente de valores e potenciais celestes que dormem há milênios em nosso eu divino

A pedagogia do ser

e que nos conduz ao destino glorioso de Filhos de Deus e à plenitude. Portanto, a pedagogia do ser tem no afeto um de seus principais potenciais didáticos.

Ninguém pode permanecer aprisionado aos mecanismos expiatórios do sentir doentio, focado exclusivamente em viver a vida do homem fisiológico, voltado somente para as sensações, o prazer, a competitividade selvagem.

O afeto é força de incalculável poder da alma, sua boa utilização pede sólida formação moral para que o vigor dos sentimentos seja abençoada estrada de libertação das atitudes.

Esse existir humano apela para valores nobres a fim de consagrar uma ética do "ser" em identidade com aquilo que de fato é o ser humano. Verificamos assim o relevante papel do centro espírita que busca, essencialmente, aprimorar o caráter, desenvolver as virtudes e a moral dos homens.

Sob os cuidados de um centro bem conduzido o desafio do viver torna-se uma proposta atraente, motivadora e simples.

Nesses tempos de materialismo e predominância da razão nossas casas de amor devem se fixar na função reeducativa do sentimento, aprimorando-se cada vez mais para honrar o título de escola da alma, favorecendo o desenvolvimento de pessoas realizadas, dignas e solidárias.

O amor é a competência essencial que deve fundamentar qualquer conteúdo de nossas escolas espirituais para aprendermos a amar a nós mesmos, ao próximo e a Deus.

E como ensinar o amor no centro espírita?

Fala-se muito em o que devemos fazer, mas pouquíssimo em como fazer. Como amar a si, ao outro e a Deus no contexto do dia a adia?

Educar significa aplicar o conteúdo espírita retirando o excesso de informações e trazê-lo para a realidade de seu grupo, priorizar respostas, soluções, discutir vivências, refletir sobre horizontes novos de velhos temas do viver, reinventar o aprendizado em direção aos apelos da consciência, propiciar a cada um a oportunidade de externar seus sonhos, limitações e valores já conquistados, fazendo da sala de estudos espíritas um laboratório de ideias na ampliação da capacidade de pensar com acerto, lógica e bom senso.

Somos convocados a este trabalho, para uma mudança urgente nas metodologias pedagógicas da casa espírita, a uma reestruturação da visão que transforma muitas de nossas casas em templos de religiosismo, conduzindo seus dirigentes a fórmulas de imediatismo e acomodação ou à assimilação do conhecimento espírita em lamentável processo recheado de presunção com a verdade.

A pedagogia do ser inclui os valores da participação, da interatividade, da cooperação. Não temos outro caminho para a conquista dessas opções didáticas que não seja o da formação de pequenos grupos de amigos voltados para o estudo e o trabalho, irmanados em torno de ideais que incentivem a evolução de nossas potencialidades. Equipes que tragam para a rotina das sociedades espíritas projetos de trabalhos inusitados que implantem novas e mais ajustadas propostas de ensino e serviço no atendimento das necessidades humanas e na consolidação de habilidades que promovam o homem a uma vida mais íntegra, gratificante e libertadora, sob as luzes da imortalidade.

Grupos nos quais a imaginação, o desejo, os sonhos, os limites, as conquistas, as dores, a criatividade, as peculiaridades, as dúvidas, as respostas, a experiência e, sobretudo, o afeto, possam fazer parte desse projeto de viver. Permitir à criatura apresentar-se como está e proporcionar a ela o serviço e o conhecimento - os antigos lápis e papel da educação - é matriculá-la na escola da vida sob a proteção dos princípios redentores do Evangelho e do Espiritismo, a fim de que, por si mesma, aprenda o caminho do amor na autotransformação em busca de sua felicidade.

A pedagogia do ser prioriza o homem, sua experiência pessoal, o seu relacionamento humano tendo o idealismo como centro indutor dos valores morais e a defesa vigilante contra nossas dificuldades provenientes das bagagens seculares.

Grupos que se amam formam ambientes agradáveis para conviver, estabelecem os princípios que direcionam para esse ser, e, inevitavelmente, além de felicitar a pessoa com o que ela precisa para seu crescimento, também trará reflexos benéficos para as atividades graças à alegria e ao comprometimento com os quais o trabalhador faz sua integração aos deveres na escola da alma, honrando os princípios espíritas cristãos com uma vida reta, plena de sobriedade e identidade com a base social da fraternidade e da transformação para o bem, onde quer que esteja participando.

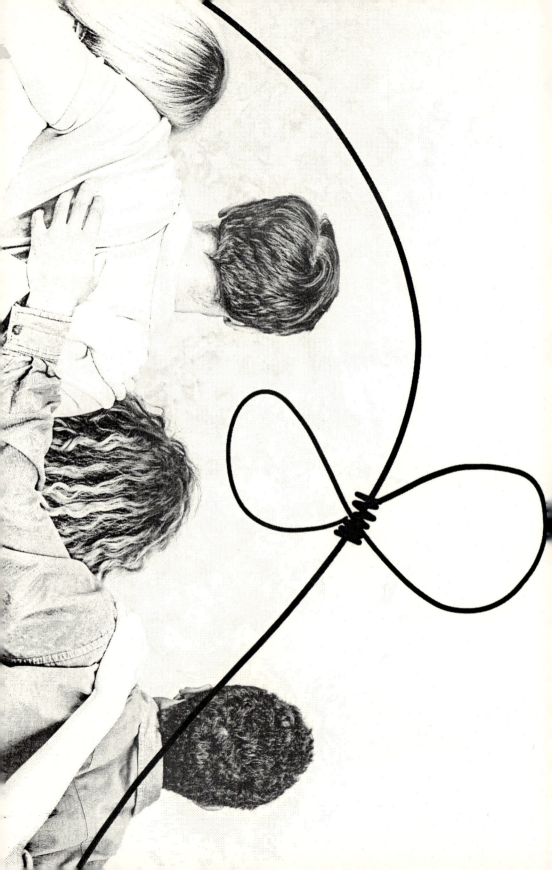

CAPÍTULO 2

Aprender a amar

Frequentemente escutamos frases que são atestados de aversão ou admiração instantâneas no campo dos relacionamentos definindo alguns sentimentos que temos pelo outros como se fossem definitivos ou estivessem predestinados. Comumente, convivemos ao sabor daquilo que sentimos espontaneamente por alguém.

Consideremos nesse tema que o amor não é um automatismo no aprendizado das relações humanas, como se houvessem fatores irrevogáveis para gostar ou não dessa ou daquela criatura.

Amar é uma aprendizagem. Conviver é uma construção.

Não existe amor ou desamor à primeira vista, e sim simpatia ou antipatia. Amor não pode ser confundido com um sentimento ocasional e especialmente dirigido a alguém. Devemos entendê-lo como o sentimento divino que alcançamos a partir da conscientização de nossa condição de operários da obra universal, e que a medida que construído será um estado afetivo de plenitude, incondicional, imparcial e crescente.

Aprender a amar

Amor não é para ser apenas sentido, ele deve ser vivido. O amor verdadeiro é conquistado nas atitudes de cada dia. Sentir é o primeiro passo, mas se a seguir não vêm as ações transformadoras, então nosso amor pode estar sendo confundido com fugazes momentos de felicidade interior ou com os frágeis embriões dos desejos no bem que começamos a acalentar recentemente.

O amor é crescente no tempo e uniforme no íntimo, não tem intervalos.

Mesmo entre aqueles que a simpatia brota instantaneamente, amor e convivência sadios serão obras do tempo no esforço diário do entendimento e do compartilhamento mútuo do desejo de manter essa empatia do primeiro contato, amadurecendo-a com o progresso dos elos entre ambos.

Sabendo disso, evitemos frases definitivas que declarem desânimo ou precipitação em razão do que sentimos por alguém. Relações exigem cuidados para ser edificadas no amor e esse aprendizado exige os testes de aferição no transcorrer dos tempos.

Se nos guardamos na retaguarda moral e afetiva, esperando que os outros melhorem e se adaptem às nossas expectativas para com eles, a fim de nos permitirmos amá-los, certamente a noção de gostar que acalentamos erroneamente é aquela na qual ainda acreditamos que Deus faculta isso como dom divino e natural em nossos corações conforme a Sua vontade.

Encontrando-nos nesse nível de evolução, nada mais fazemos que transferir para o Pai a responsabilidade pessoal do testemunho na criação de elos de libertação junto a quantos fazem parte de nossos caminhos.

Amor não é empréstimo divino para o homem e sim aquisição de cada dia na aprendizagem intensiva de construir relacionamentos propiciadores de felicidade e paz.

Espíritas que somos, temos bons motivos para crer na força do amor, enquanto a falta de razões convincentes tem induzido muitos distraídos aos precipícios da dor, porque palmilham em decidida queda para os desvios do desrespeito, da indecência, da infidelidade, da vingança e da injustiça, em falidas formas de desamor.

A terapêutica do amor é, sem dúvida, a melhor e mais preventiva medicação do Pai para seus filhos e compete a nós, que estamos à míngua de paz, experimentá-la em nossos dias, gerando fatos abundantes de amor, vibrando em sintonia com as sábias determinações cósmicas estipuladas para a felicidade do ser na aquisição do glorioso e definitivo título de Filhos de Deus.

E se esse sentimento sublime carece de aprendizagem, somente um recurso poderá promover semelhante conquista: a educação.

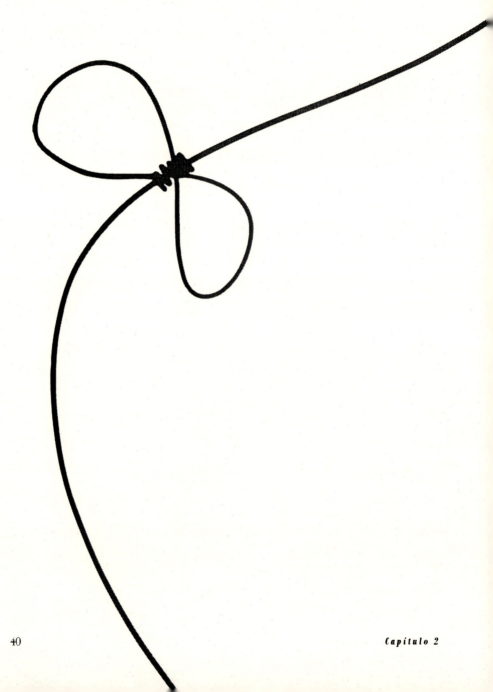

CAPÍTULO 3

Pestalozzi e a educação do coração

Johann Heinrich Pestalozzi definiu a educação como sendo o desenvolvimento harmônico das potencialidades do ser, considerando como elementos básicos os recursos interiores do homem, tais como a inteligência, o sentimento e a vontade. Para ele, essa tríade sintetizada em educar a cabeça, o coração e as mãos, ganha uma amplitude incalculável quando se cria a relação de amor entre educador e educando.

Pestalozzi foi, sem dúvida, o educador do amor. A ele devemos o mérito indiscutível de estabelecer as linhas afetivas da educação em maior proporção que outros pedagogos, demonstrando na sua própria vivência a eficácia de conduzir o processo educacional em vínculos de afeto.

Assinalamos em suas palavras na Carta de Stans[5] a grandeza de suas concepções, como se segue:

"Minha meta principal direcionou-se, antes de mais nada, a tornar as crianças irmãs, cultivando os primeiros

---

[5] Trecho da Carta de Stans na qual é narrada a experiência vivida por esse educador incomparável. Em Stans, ele cuidou sozinho de 80 crianças órfãs da guerra civil deflagrada pela revolução Helvética. *Educação e ética - Pestalozzi -* Dora Incontri - Editora Scipione.

sentimentos da vida em comum e desenvolvendo suas primeiras faculdades nesse sentido. Com isso, minha intenção era fundir a casa no Espírito simples de uma grande comunidade familiar e, sobre a base de tal relacionamento e da predisposição por ele gerada, suscitar em todos um sentimento de justiça e moralidade.

Atingi meu objetivo com razoável sucesso. Em breve, viam-se setenta crianças mendigas, embrutecidas viverem juntas numa paz, num amor, numa atenção recíproca e cordial que raramente se encontram entre irmãos de uma mesma família.

Minha ação, nessas circunstâncias, partia do seguinte princípio: procura em primeiro lugar fazer tuas crianças generosas. Pela satisfação diária de suas necessidades, impregnarás sua sensibilidade, sua experiência e sua ação de amor e de caridade, que se estabelecerão e se consolidarão em seu íntimo. Depois, acostuma-as às práticas em que poderão exercitar e espalhar seguramente a benevolência em seu próprio círculo."

Segundo o mestre suíço, a grande conquista da educação é a autonomia do homem pela maturidade de suas potências morais que já se encontram em gérmen em seu mundo íntimo.

As teorias modernas da psicologia têm demonstrado a importância essencial da emoção em todas as realizações humanas confirmando por experiências e pesquisas sérias que o homem é dotado de múltiplas inteligências, sendo que suas habilidades emocionais são as mais aptas a lhe fazer feliz e bem sucedido.

A visão pestaloziana de educar, além de pioneira é perfeitamente compatível com a meta maior do Espiritismo que é o desenvolvimento moral da humanidade pela educação integral do homem bio-sócio-psíquico-espiritual.

Kardec, como aluno da escola de Yverdon, fundada por Pestalozzi, foi notadamente influenciado pela didática dessa tríade conhecida mais tarde como *Princípio do equilíbrio de potencialidades* que propõem a harmonia entre mãos, coração e cabeça. Nota-se em seu comentário na questão 917, de *O livro dos espíritos,* o quanto essa cultura do emérito pensador suíço marcou sua formação quando diz:

> *"A educação, convenientemente entendida, constitui a chave do progresso moral. Quando se conhecer a arte de manejar os caracteres como se conhece a de manejar as inteligências, conseguir-se-á corrigi-los, do mesmo modo que se aprumam plantas novas. Essa arte,*

porém, exige muito tato, muita experiência e profunda observação".

Esse desenvolvimento harmônico implica fazer crescer o intelecto, o afeto e a ação, não sendo demais afirmar que a coerência entre pensar, sentir e fazer respondem pelo equilíbrio do ser integral.

Temos desenvolvido a razão, mas, temos trabalhado o afeto? Temos disseminado conteúdos espíritas fartamente, mas os temos contextualizado à vida?

Trabalhamos pela aquisição da fé racional, contudo, semelhante valor só será obtido na ética do ser quando aplicado na vivência das virtudes Paternas impressas em nosso patrimônio sublime, prestes a dinamizadas pelas vias da evolução.

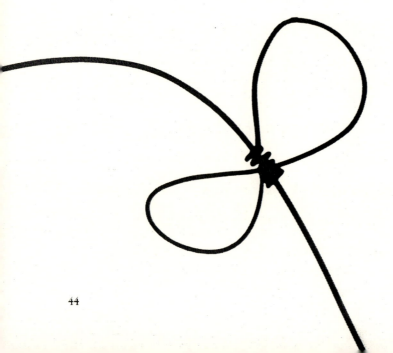

CAPÍTULO 4

Kardec e a educação integral

"Para agradar a Deus e assegurar a sua posição futura,
bastará que o homem não pratique o mal?

Não; cumpre-lhe fazer o bem no limite de suas forças,
porquanto responderá por todo mal que haja resultado de
não haver praticado o bem".

O livro dos espíritos – Questão 642.

Conhecida parábola da cultura oriental fala de uma senhora que resolveu abrigar um sábio guru no quintal de sua residência. Deu-lhe comida, abrigo e tranquilidade para que o homem de meditações pudesse cumprir sua missão.

Certa feita, desconfiada sobre a integridade do guru, resolveu aplicar-lhe uma prova. Contratou a preço de cinco moedas de ouro uma belíssima bailarina e vendedora de ilusões para aferir a resistência do homem santo.

Na noite combinada lá estava ela na cabana, tentando incendiar os apetites inferiores do guru com sua sensualidade e beleza. Bailou, despiu-se, provocou, mas o homem parecia ser de gelo, mantinha-se impassível, quieto, em

Kardec e a educação integral

estado de plenitude. Então, depois de longo tempo ela desistiu e retornou até a senhora dizendo:

— Tentei de tudo e nada, ele é um homem santo.

Intrigada, a hospedeira do guru indaga:

— Mas ele não fez nada? Não lhe disse nada, nem uma só palavra?

— Não, senhora!

— Então toma as suas moedas. Você fez sua parte.

A seguir, inusitadamente, a senhora tomou de uma larga vassoura e seguiu aos gritos em direção à cabana, assustando a vizinhança que conhecia o carinho com o qual tratava o meditador. Lá chegando, espancou o homem, destruiu a cabana e em alta voz disse para que todos ouvissem:

— Testei esse homem com a luxúria, ele resistiu por três noites ao apelo de atraente e sedutora jovem, permaneceu em estado de orações e quanto a isso eu o aplaudo. Porém, suas práticas são de nenhuma utilidade para o mundo, porque ele nada disse àquela jovem que pudesse servir de orientação e força na restauração de um caminho novo. Se é um homem de Deus, deveria agir pelo bem e não somente evitar o mal.

Evitar o mal necessariamente não edifica valores, enquanto fazer o bem significa acionar os recursos divinos por meio da prática da caridade.

Evitar o mal é contenção e disciplina, recursos formadores de caráter, entretanto as realizações no bem marcam profundamente o sistema afetivo, fixando e impulsionando forças morais nobres.

Educação resume-se em transformar impulsos e desenvolver potencialidades. O ato de apenas conter sem renovar pode levar aos mais sofridos caminhos da radicalização, do fanatismo e de variadas expressões neuróticas em direção às mais intensas desarmonias da psique.

O ato educativo é um ato de amor nas relações que se destinam ao crescimento para ser.

O processo de evitar o mal é adquirido com o domínio proporcionado pela disciplina dos sentidos e dos impulsos, enquanto a dinamização do bem exige da razão e do sentimento o desenvolvimento de condições interiores que construam valores, treinem habilidades e façam surgir com maior plenitude as tendências inatas do bem que se encontram latentes e, muitas vezes, estáticas na alma. Dessa forma, quando os espíritos dizem: "Fazer maior soma de bem do que de mal constitui a melhor expiação"[6],

---

[6] *O livro dos espíritos* – Questão 770a, Allan Kardec – Editora FEB.

é porque quase tudo conspira contra aquele que deseja melhorar já que as reações que tem são fortes reflexos do mundo interior desconhecido de si mesmo.

Diríamos que educar é encontrar respostas para os enigmas do existir, razão pela qual somente amando a nós mesmos e ao outro conseguimos encontrar tais tesouros da vida.

O ato educativo com amor é integral, seja na prática pedagógica ou na vida de relação social.

A ausência de valores ético-morais em nossas vidas sucessivas permitiram as perdas, as paixões, as crises, os traumas, os bloqueios e as traições, ferindo as fibras sensíveis da estrutura afetiva do perispírito, tendo como reflexos a culpa, o medo, a ansiedade, a frustração, a tristeza, o conflito, a insegurança e a indiferença que são nódulos e abscessos emocionais que se apresentam em vários processos doentios conforme o caráter de seus portadores, determinando o temperamento e a conduta Agravados pela educação frágil da existência presente que não favoreçam o desenvolvimento de valores nobres tais nódulos e abscessos são inflamados e começam a purgar prontamente.

Diagnosticando esse dinamismo patológico, passa-se então à etapa do desenvolvimento das habilidades emocionais, capazes de promover novos e mais saudáveis sentimentos que libertem o ser dessa precariedade do afeto, quais sejam a coragem, a segurança, o autoamor, a serenidade, a alegria e a paz. A conquista dessas habilidades surge na busca pela autoeducação, regida pelas diretrizes evangélico-doutrinárias como excelente terapia curativa dessas feridas do sentimento.

A educação do afeto inicia-se pelo estudo perseverante de si no conhecimento dessas manifestações sombrias do coração, suas raízes, suas armadilhas, suas máscaras. Posteriormente enseja uma nova forma de viver e ser pelo treino da empatia, da alteridade, da assertividade e da autenticidade.

O objetivo maior da vinda do homem à Terra é a sua evolução espiritual e tal finalidade só será alcançada à medida que aprendermos a amar porque o amor é o decreto sublime do universo para o crescimento e para a felicidade de todos os seres.

Verificamos o centro espírita e sua importância como educandário do amor face à didática estimuladora de conhecimentos e à vivência através da ampliação do saber e da transformação do caráter. As organizações humanas, com poucas exceções, fazem uma leitura adulterada das manifestações afetivas, tornando-as desprezíveis e com conotações de interesses inferiores e falsidade. Outras vezes,

Kardec e a educação integral

algumas pessoas mais afetuosas, quando possuem uma visão egocêntrica, recuam e tolhem a espontaneidade do carinho diante dos desapontamentos das relações ingratas e decepcionantes. Assim, formam-se distorções sociais acalentadas pela maioria dos homens que foram educados para sufocar as expressões de sensibilidade humana nas torres frias da indiferença e do desamor no hábito de esconder o que se passa nos profundos esconderijos dos sentimentos.

Quanto nos valerá a reencarnação tendo os raciocínios iluminados pelos princípios estruturais da doutrina sem, contudo, jorrar essa luminosidade sobre o coração?

A fraternidade, expressando a síntese das virtudes cristãs, é a meta ética de todo o corpo filosófico e científico do Espiritismo. Que grave trabalho aguarda nossa atuação nas linhas de frente do cenário conturbado da sociedade materialista dos dias atuais, junto às almas que ingressam para suas fileiras em ambos os planos existenciais!

CAPÍTULO 5

Maturidade afetiva

A afetividade é inerente ao desenvolvimento do espírito na sua caminhada milenar para a aquisição da maturidade e quanto mais maduro espiritualmente, mais disposto ao afeto ele se encontra.

Questões como a educação na infância, com marcante influência dos pais e da sociedade sobre o psiquismo da criança, influenciam fortemente a vida afetiva para toda a existência, embora aí não possamos deixar de reconhecer que a maturidade espiritual é capaz de se sobrepor a esses fatores, caso seja patrimônio conquistado pelo espírito.

Com a luz da reencarnação fica nítida outra complexa causa para o endurecimento do afeto que surge das vivências culposas, das mágoas cultivadas longamente, da ausência de limites morais ao exercício do mor e da rebeldia sistemática à determinação do crescimento espiritual.

Conflitos e frustrações, traumas e carências, culpas e ódios, indisciplina e revolta, sejam dessa ou de outras existências carnais, são os componentes principais de quem não conseguiu estabilizar sua vida emocional e psíquica, sendo que essas feridas do coração irão determinar inibições nas relações afetivas na atual experiência do espírito trazendo, desde o berço, as matrizes de paz ou desequilíbrio, sossego ou inquietude, alegria ou abatimento que pedirão elevadas quotas de atenção e cuidados.

Essas feridas do afeto, que mais não são que o narcisismo proveniente da imaturidade espiritual em crise de insegurança e autopiedade, desejando ser amado sem amar, requerem, para a sua cicatrização, o testemunho de aprender a amar a si mesmo e ao semelhante, incondicionalmente. Somente a experiência terapêutica do amor é capaz de sanar semelhantes desequilíbrios emocionais, transformando situações traumáticas e dolorosas em experiências enriquecedoras para a vida.

A reconstrução do afeto, portanto, é fator de reeducação do coração que vai burilando e refazendo as vivências, dia após dia, através do convívio na busca da dilatação da sensibilidade.

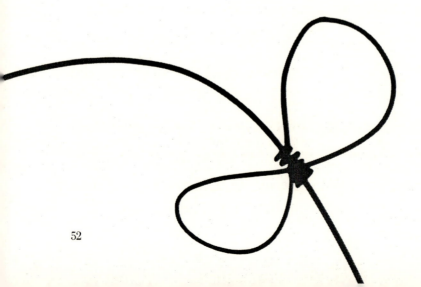

CAPÍTULO 6

Educação do afeto

Costuma-se afirmar que a distinção entre o homem e o animal é a inteligência, com o que ousamos discordar, com todo respeito aos conhecimentos tradicionais. Grande parte dos homens detentores da capacidade de pensar com continuidade e de decidir sobre suas ações, estão agindo à semelhança ou pior que os irracionais, em plena ausência de ética, na quase total incapacidade de escolha.

Para nós, o que distingue esses reinos e torna o homem mais apto ante a criação divina é a forma de sentir a vida, facultando-lhe melhor possibilidade de utilizar as habilidades e competências inatas, destinando-as à construção do ser.

O avanço das pesquisas na neurociência permitem ampliar as noções sobre inteligência, constatando uma multiplicidade de habilidades muito além do conhecimento.

O espírito as desenvolve no tempo e exemplo disso é a inteligência cinestésica (de movimento), comum em esportistas, ou a pictográfica que fazem os desenhistas e pintores natos, médiuns sem essas habilidades.

Oficialmente, dividem-se essas habilidades e competências em inteligência intrapessoal e interpessoal, sendo a primeira na relação consigo mesmo e a segunda na relação com o outro.

Essas inteligências consistem na habilidade de reagir com equilíbrio diante dos fatos da vida e que foi conquistada nos séculos, capacitando a individualidade com enorme desenvoltura na arte de decidir com o coração. É fruto de longa aplicação da ponderação e da honestidade em milênios, cultivadas na dignificação da sensibilidade com a qual se aprende a pensar pelo sentir. O afeto tem força descomunal sobre a inteligência dos raciocínios manifestando a intuição, a fé e a capacidade de escolha com mais sintonia com o bem.

Inegavelmente, o fator que mais declara o coeficiente de habilidade afetiva de alguém é o indivíduo ter para si mesmo a convicção plena e a vivência cada vez maior de que é mais valoroso dar afeto que recebê-lo, levando seu portador a ser um mensageiro de otimismo, irradiante alegria, vigor solidário e plenitude de respeito aos de sua convivência, gratificando-se no ato de amar, mesmo que não receba retribuição. Além disso, devido ao cultivo da ponderação, tal criatura mantém sempre o desejo de aprender, com inalterável jovialidade sobre seu conhecimento,

Capítulo 6

não fazendo dele um instrumento de destaque pessoal ou humilhação a ninguém, mas colocando-o a serviço do seu crescimento e do grupo social onde participe.

Evidentemente, como se trata de um ser que desenvolve a virtude da honestidade moral, traz a consciência límpida, sem os tormentos da culpa asfixiante e neurotizante, conquanto ainda esteja expurgando, por vias mais saudáveis, seus erros de outrora. Esse estado consciencial é fator determinante do fluxo do sentimento que exala como um perfume natural da criatura, irradiando uma energia de vigorosa atração e magnetismo edificante.

Destacamos algumas importantes lições a serem estudadas e exercitadas para a educação do afeto nas relações:

- Conhecer os sentimentos.
- Adquirir o controle sobre as reações emocionais.
- Saber conviver harmoniosamente com os maus sentimentos.
- Saber revelar seus sentimentos com assertividade.
- Exercitar a sensibilidade.
- Expressar o afeto na convivência.

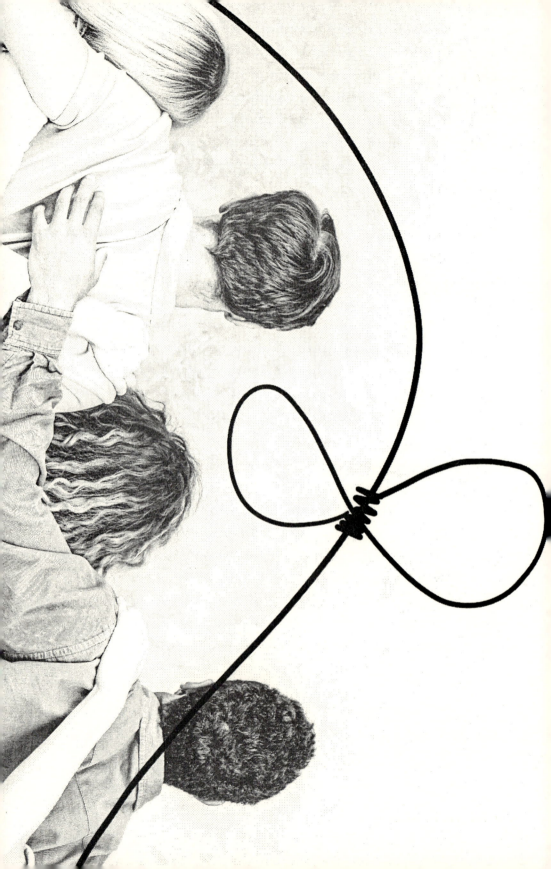

CAPÍTULO 7

Corrosivos da sensibilidade

A educação do afeto no estágio evolutivo em que nos encontramos conta com obstáculos de largas proporções para o exercício do amor.

Existem profundas matrizes psicoemocionais no aparelho mental que funcionam ativamente como inibidores do afeto, compondo vigorosas dificuldades para as fibras da sensibilidade ampliarem o sistema da afetividade do ser integral. Adquiridos em milênios de insistente rebeldia e repetição no erro, tais impedimentos fazem parte desse desafiante processo autoeducativo nos rumos da aquisição do patrimônio do amor.

A culpa, a mágoa, o preconceito, a ingratidão, o medo, o azedume e outras tantas frustrações são os monturos emocionais mais comuns e corrosivos do sentir divino, fatores que alteram e neutralizam o funcionamento harmonioso das emoções. Patrimônios dos quais teremos de aprender a nos libertar.

Outros corrosivos próximos e de grave consequência são os traumas infantis, os bloqueios defensivos de vivências pretéritas, as doenças endócrinas, os distúrbios do humor, a falta de estima corporal, os relacionamentos de conveniência,

Corrosivos da sensibilidade

a sobrecarga com interesses materiais, a competitividade exacerbada, as tensões físicas e emocionais, o cansaço, a inquietação interior e o sentimentalismo — todos eles são fatores perturbadores da expansão afetiva.

Nenhum deles, porém, é eterno ou insuperável quando a alma se abre para o autodescobrimento, a disciplina e a ação no bem.

A direção que imprimimos ao afeto seguida de decisões infelizes esculpiram a natureza enfermiça de tais sentimentos, porém nada nos impede de renovar essa qualidade imperfeita e retomar a condição natural das emoções que são adquiridas para a felicidade e a paz, esta o seu destino maior.

E como iniciar uma nova caminhada? Como nos recompormos ante a consciência?

Resgatar a sensibilidade e enobrecer a ação são alguns dos desafios.

Vamos pensar sobre isso?

CAPÍTULO 8

Desenvolvimento da sensibilidade

"Se os homens se amassem com mútuo Amor, mais bem
praticada seria a caridade; mas, para isso, mister fora
vos esforçásseis por largar essa couraça que vos cobre
os corações, a fim de se tornarem eles mais sensíveis aos
sofrimentos alheios. A rigidez mata os bons sentimentos;
o Cristo jamais se escusava; não repelia aquele que o
buscava, fosse quem fosse: socorria assim a mulher
adúltera, como o criminoso; nunca temeu que a sua
reputação sofresse por isso. Quando o tomareis por
modelo de todas as vossas ações? Sena Terra a caridade
reinasse, o mau não imperaria nela; fugiria envergonhado;
ocultar-se-ia, visto que em toda parte se acharia
deslocado. O mal então desapareceria, ficai bem certos".

Pascal (Sens, 1862.)

O evangelho segundo o espiritismo – cap. 11 - item 12

O afeto já existe plenamente dinâmico na vida adulta,
portanto, quando utilizamos o termo desenvolvimento
vamos aplicá-lo mais no sentido reeducativo das relações
e no aprimoramento da conduta amorosa, haja vista que,
na maioria dos casos, nossa afeição é dominada por conflitos e perturbações de variada natureza com origem na

infância e nas vivências de outras reencarnações. Assim, quando utilizamos reeducação estamos associando a imprescindível conotação de desenvolvê-la e treiná-la sob o amparo de valores morais enobrecedores.

Neste ângulo, a vida é um convite permanente para aprimorar nossa capacidade de sentir por meio da administração do afeto.

Antecedendo a espontaneidade nessa tarefa, deveremos nos habituar a olhar o mundo, a natureza, os acontecimentos e as pessoas sob uma ótica reflexiva, pelas vias da meditação espontânea, buscando sempre os porquês de tudo, ainda que, em princípio, não tenhamos condições de compreender com profundidade as nossas análises.

Buda falava da compreensão como virtude essencial para integração do homem com as Leis do Universo.

Por que aquele velho ajunta papéis na rua em serviço sacrificial e impróprio à sua idade? Por que aquele grupo de alcoólatras reuniu-se formando uma comitiva de desistentes da vida? Por que aquele médico bem-sucedido terá se dedicado a auxiliar a comunidade que padece os problemas das drogas? Por que aquele político autoritário, desonesto e arrogante terá conseguido obter um lugar de destaque no cenário da administração pública? Por que aquele cientista dedicado dedicou sua vida para descobrir como o câncer se processa? Por que um espírito renasce para servir a sociedade na condição de pedreiro e mestre de obras?

Que aprendizado terá o homem cuja profissão é ser porteiro de prédios ou segurança armado de organizações? E um policial, qual a sua necessidade como ser em viagem para a perfeição? O que determina que uma alma renasça em terras afastadas na condição de silvícolas, em extremo anonimato e sob o jugo de várias intempéries? Quem é aquele vizinho que teve a infelicidade de cometer uma tragédia? O que se passa nas sombras de vários dramas e tragédias humanas? Por que aquela mulher estagia num prostíbulo? Quem são os meninos de rua e quais serão suas histórias espirituais?

Precisamos aprender a nos sensibilizar com os dramas da vida, com a fome que avassala os países, com as matanças coletivas que chocam a humanidade, com os naufrágios e com tudo o mais. São fatos distantes, mas igualmente importantes como a alegria dos amigos ou as vitórias dos estranhos. Aprendamos a nos tocar diante da dor de um conhecido, do sofrimento dos injustiçados, da loucura dos perversos, da insanidade dos iludidos, da violência urbana, diante do mendigo que pede pão, do profissional da esmola, da juventude atolada no vício ou de alguém irado no trânsito.

Além disso, e prioritariamente, aprendamos a nos sensibilizar com o sucesso escolar do filho, com o esforço da companheira no lar, com o heroísmo do esposo em servir, com o sorriso da criança ao brincar, com a dedicação sagrada da mãe em ser útil, com a devoção paterna em proteger, a reunião familiar para a alimentação, a oração feita em conjunto, a modéstia e na simplicidade adotada pelos filhos ante o exemplo de conduta reta dos pais nos deveres da família; enfim, essa é a grande escola do afeto em direção a Deus: o lar. Nele são trabalhadas as primeiras lições sobre as crenças e os moldes mentais morais para o homem do futuro aprender a sentir o mundo e a vida sob o prisma do amor.

Sensibilidade deve ser distinguida de emotividade, de comoções sentimentalistas, que muitas vezes são manifestações do afeto comprometido pelos traumas, culpas e frustrações. Tais lances do coração surgem diante do sofrimento alheio como expressões de desopressão pessoal em ciclos de mais intenso sofrimento ou emersão de conflitos emocionais não resolvidos.

A sensibilidade, entendida como recurso de elevação espiritual, sempre ilumina o raciocínio, levando o homem a lições eternas e ocultas aos olhos comuns que não estão habituados a enxergar a essência dos fatos.

Na ausência da sensibilidade elevada jamais entenderemos os motivos subjetivos de cada ser, e nessa impossibilidade, ficaremos privados das preciosas lições evangélicas do perdão, da tolerância e da solidariedade e, sobretudo, da compreensão sem a qual não olharemos a vida com as lentes da alteridade e do amor.

"O essencial é invisível aos olhos", afirmou o genial Exupery[7].

Por outro lado, a insensibilidade motiva a indiferença que pode levar a atos de desamor nas inaceitáveis atitudes da crueldade.

Jesus, na condição de eminente psicólogo, asseverou que por causa da iniquidade o Amor de muitos esfriaria, conforme se lê em Mateus, capítulo 24, versículo doze. Essa iniquidade também presente na seara espírita não deve nos impedir a idealização de projetos cujo perfil seja centrado em relações afetuosas e compensativas.

---

[7] Antoine de Saint-Exupéry, em *O pequeno príncipe*.

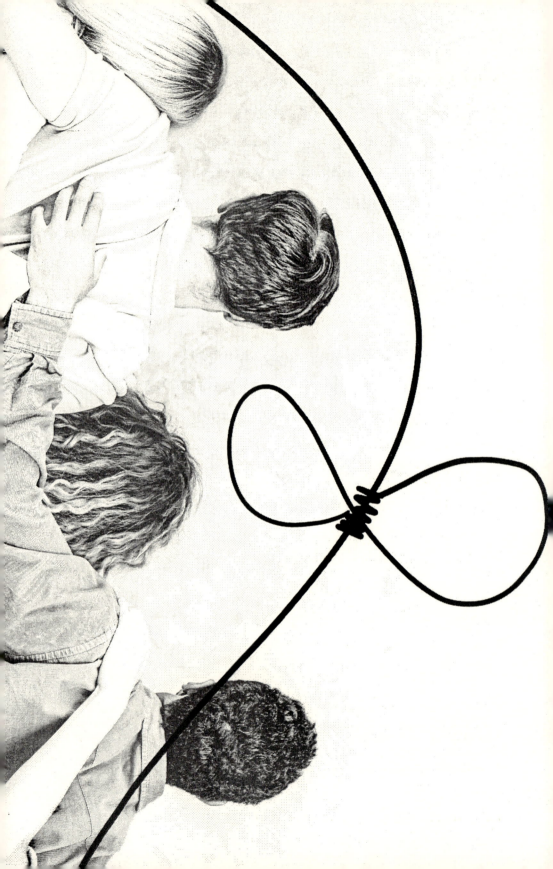

CAPÍTULO 9

Centro espírita e afeto

"Fundando-se o egoísmo no sentimento do interesse
pessoal, bem difícil parece extirpá-lo inteiramente do
coração humano. Chegar-se-á a consegui-lo? À medida
que os homens se instruem acerca das coisas espirituais,
menos valor dão às coisas materiais. Depois, necessário é
que se reformem as instituições humanas que o entretêm
e excitam. Isso depende da educação".

O livro dos espíritos – questão 914.

O afeto, entendido como nutrição espiritual insubstituível e essencial, sempre será preventivo em todas as fases
da vida. Entretanto, para o amadurecimento integral do
ser, inicia-se uma etapa de vivência em que a vida exigirá
maior soma de doação em contraposição às contínuas expectativas de ser amado.

O centro espírita, nesse período, pode oportunizar a valorosa e preenchedora experiência do amor, auxiliando o
homem na reeducação de suas tendências por meio do conhecimento de si mesmo, do exercício da solidariedade material e afetiva e na extinção do personalismo, permitindo

assim que o potencial de amor seja dirigido a realizações nobres e gratificantes.

Caridade! O melhor exercício para a sensibilidade.

Atividades cooperativas e solidárias realizadas em ambiente de bem-estar moral e espiritual serão fortes estímulos à força pulsional do coração, muitas vezes aprisionada pelas traumáticas lições socioafetivas da presente existência, nas quais o autoritarismo e o medo foram os instrumentos de formação limitantes, provocando relações artificiais sob o peso das tiranias do coração, adquiridas na infância em larga escala.

Na casa espírita devemos encontrar esse espaço para ser, já que a sociedade em função do ter vem bloqueando os valores pessoais e as potências da alma. Será que já imaginamos o centro espírita como uma praça de convivência ou um núcleo formador da família espiritual pelos vínculos do coração?

Precisamos dar encanto ao ambiente espírita, ampliar sua capacidade e refletir sobre a fala do Espírito Verdade quando diz que é necessário reformar as instituições que entretêm o egoísmo.

Grupos sadios não devem ser conduzidos unicamente como um todo uniforme, regidos por diretrizes aprovadas somente pelos seus líderes e guardando semelhança com as envelhecidas estruturas religiosas.

A pedagogia do afeto é abertura para a riqueza de sentir os desejos superiores individuais sem o personalismo, dos sonhos de crescimento moral por meio dos quais o processo educativo será mais efetivo. A própria construção do saber espírita está fortemente vinculada às características comportamentais peculiares a um grupo ou a uma pessoa e à diversidade interpretativa com as quais enxergamos novos ângulos e exploramos com mais profundidade os temas em estudo.

Precisamos assumir para nós as responsabilidades da hora e declarar com transparência e respeito quais são as emergências em nossas realizações espirituais.

É incoerente a realidade atual que envolve o centro espírita! Tanta profundidade filosófica em favor das carências humanas, verdadeiro celeiro de recursos para o ser integral e, no entanto, com uma estrutura deficiente no que diz respeito a dar suporte a seus componentes quando o assunto é a vida interior e os esforços na luta autoeducativa.

Enquanto isso o trabalhador sofre dores psicológicas e emocionais sem a chance de revelá-las e em face dessa carência de respostas e horizontes, quando não se alcança o

Centro espírita e afeto

mínimo de amparo para prosseguir, penetra-se no desestímulo e no abandono dos ideais.

Além disso, busca-se com frequência enquadrar as dificuldades humanas nos domínios da obsessão e de anteriores existências, alimentando imaginações férteis em mentes menos maduras, gerando um fanatismo sutil e incentivador de costumes antigos, negando o presente e deslocando a realidade para o passado e para a vida espiritual.

Para agravar ainda mais, em diversos núcleos, instala-se um sistema de vigiar a conduta alheia adotando as cobranças e atiçando os melindres, em quase completo descaso com as limitações e fragilidades alheias. É quando impera o egoísmo.

O resultado final de tudo isso é a perda dos frutos do Espiritismo no campo do autoconhecimento, no fracasso dos relacionamentos nos grupos de atividade, a repressão da sombra interior e o quase estacionamento no crescimento pessoal.

Não vivamos de lamentações e nos esforcemos para mudar esse panorama existente em expressiva parcela de nossa seara.

Como o centro espírita pode ajudar no fortalecimento de laços de amor entre seus integrantes? Como pode auxiliar na ampliação da sensibilidade?

Vejamos alguns pontos que desenvolveremos no transcorrer deste livro, que constituem indicadores de qualidade das equipes doutrinárias:

- Motivar o espírito de equipe.
- Valorizar a capacidade cooperativa de qualquer pessoa.
- Promover através da delegação, criando o policentrismo sistêmico.
- Investir na capacitação do trabalhador como pessoa e ser social.
- Ensejar realizações específicas para a revitalização do afeto no grupo.

Valorosa será a contribuição da casa que facilitar a seus participantes a reflexão, a instrução e os relacionamentos responsáveis, auxiliando o homem atordoado e infeliz a assumir um compromisso consciente com a melhora de si mesmo através da reeducação dos sentimentos. A proposta da transformação íntima encontra nessa necessidade do coração o seu ponto essencial para as mudanças de profundidade, já que o motivo causador da atual condição espiritual desse homem atordoado deve-se, acima de tudo, aos desvios afetivos do passado, que sedimentaram reações emocionais destoantes com o sentimento de amor autêntico que é a fonte de saúde e vitalidade para ser.

Centro espírita e afeto

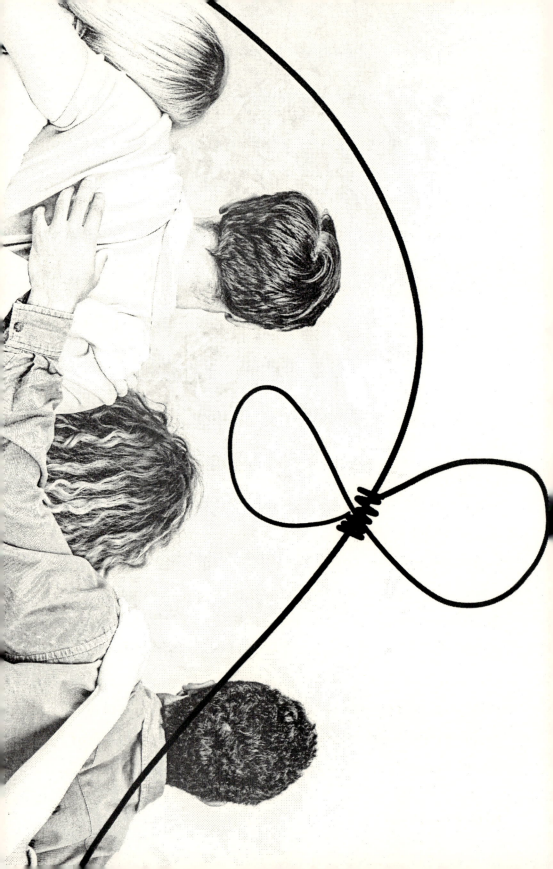

CAPÍTULO 10

Kardec e a unificação

O ano de 1860 foi uma etapa de vitórias para o começo do movimento espírita nascente. Allan Kardec empreende um extraordinário circuito de viagens iniciando um promissor trabalho de difusão e união entre os espíritas.

Para nossa meditação vale ressaltar, na coragem do Codificador, alguns fatos marcantes que deixaram verdadeiros lances de unificação espontânea na história do Espiritismo, sob o prenúncio da fraternidade.

Após cansativa viagem, Kardec é recebido em Broteaux, Lyon, por um casal simples e amorável e naquele instante elevado de aperto de mãos, sela-se entre o senhor Rivail, aristocrata de Yverdon, e aquele operário humilde, um clima de concórdia e respeitabilidade que jamais se apagou na tela mental de ambos. Ali se consagrou, no regime do mais puro amor, o primeiro encontro de dirigentes espíritas que consolidou laços de estima e duradoura fraternidade - a alma das ideias espíritas.

Kardec, dignificado pelo trabalho na Sociedade Parisiense de Estudos Espíritas, era digno de incondicional admiração entre todos os que lhe assessoravam os caminhos. Nessa missão, sua palavra confortadora era um misto de esclarecimento e alerta que extasiava a todos com incontestável encanto, deixando os ouvintes com desejo incontido de escutá-lo cada vez mais.

Após alguns anos desse episódio, vamos pinçar um novo quadro da extraordinária vida missionária do apóstolo na era nova. Em cena singela, narrada por Léon Denis em a *Viagem Espírita de 1867*, o mestre impressiona pela sua pureza e inocência quando foi visto em cima de pequena mobília colhendo frutas e atirando-as à Madame Boudet.[8] Nesse gesto singular, assinalamos esse acontecimento incomum de descontração para construir a imagem que deve compor os atos dos homens sérios e investidos de grandes deveres espirituais, a fim de não perderem o contato com a sensibilidade dos gestos de afeto e pureza com quem convivem na intimidade, nos seus poucos minutos de folga, comprovando que as vivências íntimas e repletas de sentimento se refletirão nos compromissos doutrinários, estabelecendo os pilares de uma união e interação consistentes e permanentes em favor da causa espírita nas relações humanas.

Essa proposta de uma unificação construída nas relações em encontros efusivos de amor que suprem quaisquer

---

[8] Amélie Gabrielle Boudet foi uma professora e artista plástica francesa, esposa de Allan Kardec, codificador da Doutrina Espírita.

parâmetros de formalidade e rigor é, sem dúvida, o alvo que precisamos atingir nos dias atuais.

Se o codificador, a pretexto de compor um sistema centralizador, deliberasse fazer da Sociedade Espírita Parisiense um sistema de domínio e isolamento, com certeza os grupos com os quais se correspondia não o aguardariam com a mesma expectativa que preencheu seus dias de muita esperança nos diálogos e eventos realizados no Espiritismo nascente. No entanto, a consciência de sua missão lhe serviu de escudo e motivação e ele foi, indubitavelmente, o primeiro esforço de unificação, reativando as viagens Paulinas dos primeiros tempos do Cristianismo Redivivo, nas quais o Apóstolo dos Gentios[9] serviu além dos muros de Jerusalém, fincando vigorosos núcleos de evangelização.

Hoje, somos convidados a implantar e resgatar esse aperto de mãos que retira máscaras e cria entre os homens espíritas um elo de espírito a espírito, inaugurando a era do ecumenismo do afeto, cuja base é a fraternidade sentida e vivida, mesmo quando haja o entrechoque necessário e construtivo das ideias, garantindo que, sob o suporte do respeito com as diferenças uns dos outros, nossas relações

---

[9] Saulo de Tarso, o perseguidor, não era apenas um seguidor de Jesus, mas também se tornou Paulo de Tarso, o apóstolo escolhido por Deus para levar o Evangelho aos Gentios (Atos, 26:16-18).

caminhem cada vez mais pelas veredas dos melhores sentimentos de aliança, soma, coesão e irmandade.

O grande ideal que deve nos igualar é o testemunho de amar apesar de nossas diferenças!

De mãos dadas, mesmo que por caminhos divergentes no entendimento, prossigamos a trabalhar por dias melhores em favor do progresso das ideias espíritas nos nossos centros e em favor da formação da paz plena com a fraternidade aplicada. As mãos são símbolo vigoroso de união e trabalho, humanização e solidariedade.

A esse respeito, assim se manifestou Allan Kardec:

> *"Homens da mais alta posição honram-me com sua visita, porém, nunca, por causa deles, um proletário ficou na antecâmara. Muitas vezes, em meu salão, o príncipe se assenta ao lado do operário. Se se sentir humilhado, dir-lhe-ei simplesmente que não é digno de ser espírita. Mas, sinto-me feliz em dizer, eu os vi, muitas vezes, apertarem-se as mãos, fraternalmente, e, então, um pensamento me ocorria: "Espiritismo, eis um dos teus milagres; este é o prenúncio de muitos outros prodígios!"*[10]

---

[10] Viagem Espírita de 1862 - Discurso l.

PARTE 2

Caminhos do amor na convivência

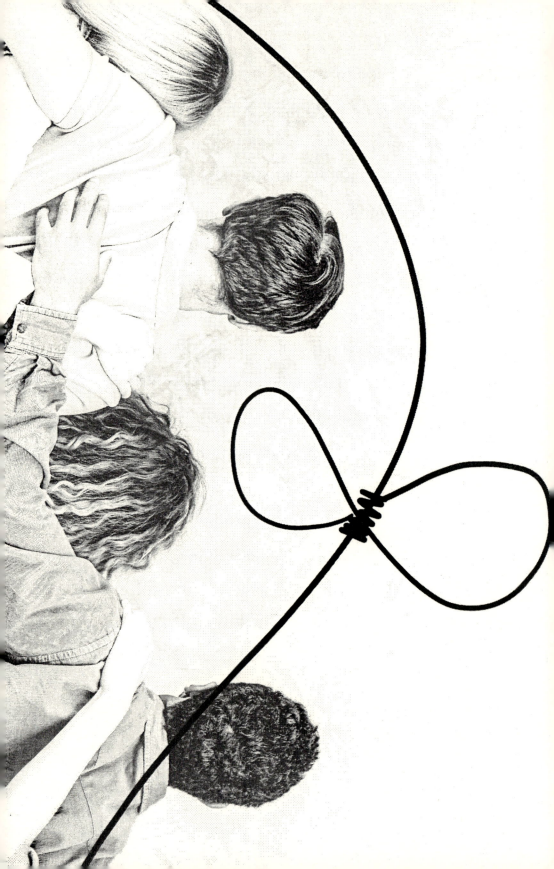

Capítulo 1

Humanização na seara espírita

*"A bandeira que desfraldamos bem alto é a do
Espiritismo cristão e humanitário, [...]"*

O livro dos médiuns - cap. 29 - Item 350

Expositores inspirados que sensibilizam mentes e corações derrapam, impacientes e raivosos, em pequenos incidentes de imprudência no trânsito das vias públicas cinco minutos depois de deixar a tribuna espírita.

Os sorrisos e abraços festivos, a alegria e o afeto efusivos dos encontros doutrinários desaparecem, inesperada e incompreensivelmente, alguns minutos depois, quando ficamos a sós, com as mesmas pessoas antes entusiasmadas.

Trabalhadores valorosos se perdem no labirinto de suas folhas de serviços doutrinários, alienando-se do contato salutar e espontâneo, aguardando dos outros o aceno de idolatria ou de cordialidade que todos lhe devem, segundo sua interpretação, diante do pedestal de suas experiências, enquanto ele mesmo, muitas vezes, não encontra motivação para dar um essencial "Bom-dia!" ao se encontrar nos ambientes sociais com alguém de seu grupamento.

Pais distribuem alimentos e carinho aos sofredores sociais em magnífica pose de caridosos, no entanto, meia hora depois, no lar, são impotentes para beijar os seus próprios filhos com ternura. Tais atitudes que integram o cotidiano de muitos de nós, os espíritas, merece uma avaliação oportuna.

Almas mais sensíveis, diante desses episódios de repentina transformação da postura afetiva, não conseguindo entender suas causas, atribuem esse comportamento à hipocrisia, incoerência e falta de educação.

Observa-se claramente, nos exemplos acima, uma lamentável desigualdade de conduta entre a presença do colaborador espírita nos seus ambientes de espiritualização e suas lutas diárias além fronteiras do centro espírita.

Qual será a razão dessa indesejável alteração afetiva? O que tem faltado ao aprendiz para transportar ao seu convívio social esse enlevo emocional que vive junto aos centros cristãos? Ante tais circunstâncias, não estaríamos vivenciando um afeto artificial ou destorcido dentro dos ambientes doutrinários? O que nos leva a essas mudanças súbitas de estado emocional?

Os campos de relacionamento espírita favorecem melhores expressões do afeto em razão da ausência de fatores sociais rígidos que distanciam os homens. Seu caráter voluntário e não proibitivo motiva a boa-vontade e a espontaneidade, levando as criaturas a se sentirem bem aceitas na sua colaboração, criando um clima para relações agradáveis e proveitosas.

Todavia, essa não é a realidade da sociedade escravizada por relações de conveniência, nas quais o interesse pessoal e grupal definem seus códigos de comunicação, sua linguagem e sua conduta. Assim, fica o aprendiz espírita com largo e intransferível desafio íntimo de saber como transportar para semelhantes quadros de suas experiências as boas novas que vem usufruindo no contato com as tarefas doutrinárias.

Quando elegemos a humanização na seara espírita não convocamos somente a proposição de sermos mais afetivos. Tratamos sim de uma releitura sobre o foco dos objetivos assinalados para desempenho junto aos centros espíritas cristãos. que hoje se destaca como escola de Espiritismo, quando o futuro acena para que ele se promova à condição de escola do espírito.

Tais definições podem aparentemente significar a mesma coisa, no entanto, existe um estudo do ser em tais abordagens que define posturas e propostas bem diversas. Como escola de Espiritismo, em muitos casos, os conteúdos doutrinários são mais valorizados que o homem, enquanto o foco na escola do espírito direciona as finalidades da agremiação para o ser, para a complexidade existencial do ser humano, suas necessidades, seus valores e suas habilidades.

Precisamos promover a casa espírita de escola de estudos sistematizados a um centro de convivência e treinamento para desenvolvimento dos traços morais da regeneração.

Ensinar Espiritismo sem auxiliar o Espírito a se tornar um ser integral pode apenas significar transmissão de conteúdos e conhecimentos. Para isso, os ambientes de amor e estudos espíritas haverão de se transformar pelo jejum da indiferença e pela oração do afeto vivido. A pedagogia do afeto na educação do espírito tem regime de urgência. Ampliemos o raio de influência do Espiritismo em nós, dilatando suas concepções para além do cérebro, atingindo o sagrado templo do coração. Espiritismo no intelecto é informação; Espiritismo no sentimento é transformação.

Quando falamos em humanização nos referimos à contextualização que é oferecer aos dirigentes espíritas os instrumentos para que possam fazer dessa informação a sua transformação espiritual. Conhecimento no cérebro quando é vivenciado tem o nome de saber. E saber, em outras palavras, quer dizer aprender as respostas e os caminhos para desenvolver seus potenciais humanos na construção da felicidade própria e daqueles que nos rodeiam. O saber é o conhecimento intelectivo que foi absorvido pelo coração.

Contextualizar, portanto, é humanizar a seara. Para contextualizar oferecendo condições aos nossos irmãos de obterem sua paz e suas respostas divinas precisamos rever esse foco na missão do centro espírita, evitando que se torne um lugar de bancos frios nos quais se assentem alunos com largos recursos intelectuais sobre a doutrina, mas com franca inabilidade para se amarem e transportarem esse amor para o mundo social em que vivem.

Contextualizar é descobrir horizontes, respostas e caminhos. É construir o saber espírita através do autoconhecimento, revelando para si mesmo os enigmas da existência.

Podemos questionar qual utilidade terá para nós o aprofundamento nas encantadoras temáticas espíritas se, muitas vezes, em nada ou quase nada tais temas estão nos auxiliando a ser homens e mulheres de bem, escondendo a vida afetiva que expressa a nossa mais profunda realidade!

Preparados desde o berço para o sucesso material, raras vezes recebemos aulas sobre o amor. Fomos treinados socialmente para esconder os sentimentos e camuflar as emoções. Portanto, a educação afetiva é o grande desafio

Humanização na seara espírita

no capítulo da transformação interior do ser. O que ocorre, em verdade, é que como seres humanos não estamos preparados para ser humanos, amorosos.

O século 21 será o tempo das habilidades pessoais, dilatando os valores humanos em contraposição ao século 20 que foi o período das habilidades técnicas e mecanicistas. Sigamos os rumos apresentados pela UNESCO[11], que estabeleceu os quatro pilares da educação para o século 21 em aprender a ser, a fazer, a conviver e a conhecer, e iniciemos uma nova era para nossas casas de amor definindo-as como lar espiritual para formação da família universal.

Um novo e promissor caminho se desponta na vida daqueles que usufruem o ambiente do centro espírita. Na casa de Jesus e Kardec o amor é a primeira lição e as relações se abrem para o afeto. Não estando regulada por rígidas hierarquias, nem sob a dependência do institucionalismo frio, a casa espírita se apresenta como escola social das relações sinceras e duradouras, verdadeiro núcleo de treinamento da convivência regenerativa. Nossa grande meta é o desenvolvimento da afabilidade e doçura nos corações, empreendendo uma campanha promissora por novas vivências nas casas espíritas, ricas de humanismo, nas quais

---

[11] Relatório Jacques Delors.

acima de quaisquer fatores se coloque sempre o homem em primeiro plano.

O amor, enquanto sentimento sublime, não necessita de aprendizado, está abundante e intimamente gravado na alma humana. O mesmo não ocorre com a atitude amorosa, que torna imprescindível o estudo e o hábito. Saber externar esse sentimento dignificante na convivência exige equilíbrio, autoconhecimento, esforço reeducativo das tendências, desejo de se melhorar e um ambiente que estimule a busca de semelhantes conquistas. E qual ambiente oferece tanto quanto os nossos centros? Qual grupamento incentiva tanto a melhoria pessoal e íntima quanto as casas dirigidas sob as diretrizes de Jesus e Kardec?

Obviamente, quando proclamamos a necessidade de uma campanha por humanização no serviço espírita-cristão é, tão somente, no sentido de um maior esforço em iniciativas que ofereçam melhores condições de entendimento e convivência para a fixação definitiva do caráter humanitário, já latente nos núcleos de tarefa.

Falta nos empenharmos ostensivamente e com consciência no trabalho de criar relacionamentos de maior profundidade afetiva pela saúde de nosso conviver.

As organizações e suas atividades não têm vida própria, elas são aquilo que dela fazem seus integrantes, razão pela qual a permuta relacional é a essência das instituições das quais fazem parte todos os valores e limites do ser humano. Assim, não é razoável desconsiderar ou mesmo tratar com indiferença a vida emocional desse intercâmbio, a fim de não alimentarmos ainda mais a ação mecânica e destituída de afeto e estímulo, consumindo os ideais superiores de muitos corações que ingressam nas fileiras de trabalho, sem permitir que o encanto do amor e a alegria da amizade façam parte desse concerto de espiritualidade e crescimento pessoal.

Empenhemo-nos em estabelecer estudos, cursos, técnicas, jogos educativos e reciclagens contínuas junto aos grupos que dirigimos, objetivando mais humanização e integração.

Igualmente, no campo individual, cada qual reconheça que humanizar é dar de si e não apenas esperar as atenções alheias, guardando elevadas expectativas para com os outros.

Enquanto dirigentes, invistamos na melhoria das condições da vida interpessoal do grupo, elaborando programas saudáveis de convívio familiar e dilatemos os conhecimentos dos tarefeiros sobre a vida de relações, tratando temáticas específicas e adequadas às necessidades apresentadas na rotina das atividades.

Enquanto integrantes das sociedades cristãs, busquemos construir esse espaço de renovação para cada um de nós, oferecendo nossa cordialidade, ternura, atenção e carinho para os companheiros, enriquecendo os relacionamentos afins e ampliando as possibilidades de crescimento junto aos opostos.

Um programa permanente, do individual ao coletivo, trará bons frutos tornando a convivência motivadora. Essa é a base para que as responsabilidades assumidas no trabalho obtenham um melhor desempenho das capacidades individuais, reforçando no centro espírita a condição de ambiente fraterno, acrescido da garantia insubstituível que faz do Cristianismo algo essencialmente celeste e universal: seu caráter humanitário, único capaz de promover o progresso dos homens em razão de preparar seus seguidores para ser uma carta viva da paz e do amor, em plena sociedade de homens atormentados.

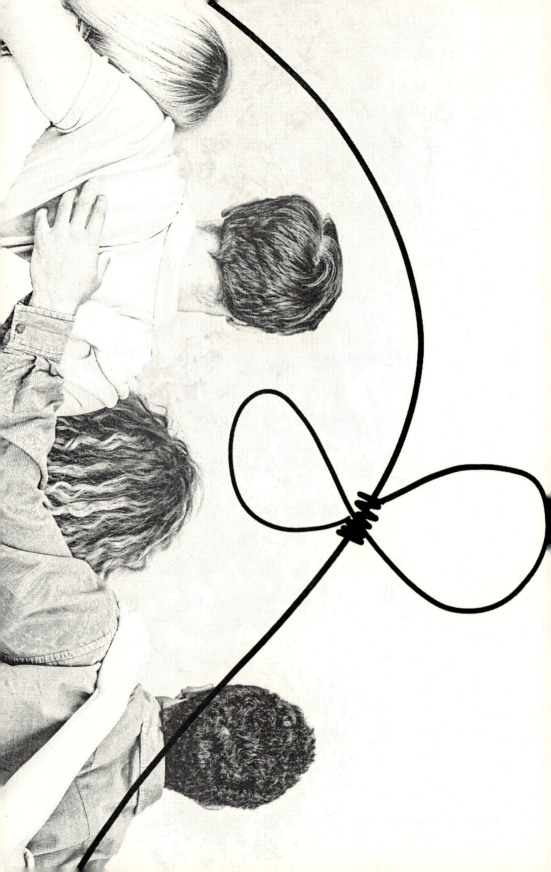

Capítulo 2

Relações socioafetivas

"Já vimos de quanta importância é a uniformidade de
sentimentos, para a obtenção de bons resultados".

O livro dos médiuns - cap. 29 - Item 335

As relações humanas estão intensamente marcadas pelos papéis sociais assumidos para delimitar direitos e funções. Semelhante representatividade nos relacionamentos favorece o estabelecimento de espaços disciplinando a ação humana para melhor alcance de resultados na sociedade.

Em razão dos abusos morais os papéis convencionais têm sido usados, muitas vezes, como aval para acobertar erros lamentáveis sob a conivência da aceitação social.

A família é um exemplo incontestável disso. Durante séculos delinearam-se no desenvolvimento da sua estrutura as máscaras do pai-provedor, da mãe-reprodutora e do filho-herdeiro, estimulando em vários núcleos domésticos a ganância e inconsequência no homem, a submissão e limitação na mulher e a preguiça e a luxúria nos filhos.

O institucionalismo revela a presença de complicados processos éticos nos grupamentos. Tomemos para análise a história das religiões na qual encontramos tais ocorrências em larga escala. A relação entre o eu e o Divino foi construída sobre os alicerces frágeis de um conjunto de preceitos incontestáveis, recheados de adoração exterior, criando a opressão do desamor na convivência social em nome da filiação divina.

Os rótulos passaram a ser mais significativos do que as expressões de afeto, introduzindo a discriminação da intolerância contra os que não absorviam os mesmos conceitos, sacramentados pelo poder das forças religiosas dominantes. Nesse passo, a hierarquia e a soberba intelectual cristalizaram as diferenças entre o sagrado e o profano, adotando padrões de exclusão e punição, provocando lamentáveis episódios nas sociedades dos últimos milênios.

Essa experiência se enraizou no psiquismo humano e ainda hoje, apesar dos avanços culturais e tecnológicos, fazem do homem atual um fantoche do religiosismo adquirido com altas doses de fé cega.

Somente com o aparecimento das teorias sociais e psicológicas, no início do século 20, o homem começou a desvendar com mais segurança e sensatez os elos dele para consigo mesmo e dele com seu grupo, permitindo que assumisse uma nova postura diante das vinculações sociais. Tal fato vem obrigando a religião a rever seu tradicional padrão de relações com o Divino, deslocando-as para a tríade eu, o próximo e Deus, em contraposição ao modelo eu e Deus.

A identidade com Deus e com as *Leis Naturais* tem como condição o processo de identificação do homem com seu próximo por meio de um construtivismo relacional no qual irá, pouco a pouco, desenvolvendo as potencialidades celestes no seu mundo íntimo, favorecendo para que o meio em que vive possa fazer o mesmo.

Assim, verificamos que há mais de um século o Espiritismo recomenda, na Lei de Sociedade e na Lei de Amor, Justiça e Caridade, as bases para um processo social de reconhecimento do próximo como sendo o outro diferente do eu, portador de inesgotáveis recursos para a promoção pessoal diante dos aprendizados da convivência, direcionando nossas relações para uma harmonia com as *Leis Divinas*, trazendo a adoração a Deus para o campo interior, no crescimento das potências naturais do ser e adotando a religião universal do amor como o Caminho, a Verdade e a Vida.

Durante muito tempo da nossa evolução desenvolvemos modelos mentais embalados por crenças indiscutíveis, mitos e convenções que atualmente pesam sobre as interpretações doutrinárias na convivência de nosso movimento social espírita. Ao mesmo tempo o institucionalismo, como traço determinante no psiquismo, tem se ampliado em alguns de nossos ambientes de simplicidade, estabelecendo relações sociais superficiais, distanciando as criaturas dos relacionamentos plenos. Tais relações formalizadas privilegiam o domínio e o controle favorecendo a disputa em prejuízo da amizade e do respeito. Dessa forma, apesar da lucidez dos novos conhecimentos que temos, nos submetemos a papéis e cargos bem ao gosto do nosso milenar personalismo, em profundas crises de artificialismo afetivo.

Portanto, é oportuno que anotemos alguns dos possíveis reflexos da ausência de legítimas relações afetuosas nos grupos, a título de estudarmos mais adiante, quais seriam as medidas reparadoras adotadas.

- Maior possibilidade de criar e manter as máscaras emocionais que escondem uma falsa harmonia.
- Estabelecer um campo para conduta padrão, provenientes de interpretações sem bom senso.
- Ter ausência de um ambiente para o debate crítico e a observação sincera.
- Favorecer um ambiente para a hipocrisia e o rigor excessivo.
- Fornecer adubo para os melindres.

- Facilitar a adoção de gurus nos dois planos da vida gerando a idolatria.
- Produzir a desmotivação com o trabalho em razão de uma convivência desgastante.
- Diminuir o enriquecimento das trocas na convivência afetiva.
- Desvalorizar as habilidades cooperativas.
- Produzir um ambiente psiquicamente desagradável devido às opressões guardadas em silêncio.
- Adotar a ausência do diálogo como instrumento construtor de amizade sólida.
- Gerar um clima de desconfiança.

Precisamos trabalhar e investir o quanto for possível em melhores condições das relações socioafetivas entre nós que desfrutamos das bênçãos do Espiritismo, superando papéis e utilizando-os somente como fator disciplinador e organizador de nossos grupos de amor. Estejamos acima de usufruir dos direitos com os quais facilmente podemos nos iludir e fixemos a mente e o coração nos deveres infindáveis que as circunstâncias nos impõem.

A presença de pessoas afetuosas em nossas vidas nunca é esquecida, cria marcas, deixa lembranças para o futuro e é forte dose de estímulo ao idealismo superior no presente. Sobretudo, essas pessoas deixam saudades e saudade é o sentimento de quem sente falta de alguém. Amigos verdadeiros deixam saudades.

A criação de relações afetivas cria melhores condições para que a crítica construtiva, a competição, a dúvida e o diálogo se transformem em instrumentos construtores da paz e do equilíbrio grupal.

A criação de laços mais gratificantes e motivadores como a confiança, a simpatia, a amizade e a alegria geram o bem-estar para a convivência e são alguns dos benefícios do afeto cristão na convivência. Alinhemos assim alguns outros reflexos dessas relações humanitárias:

- Direcionar os enfoques para os valores uns dos outros.
- Desenvolver carinhosa indulgência com os limites e imperfeições no conjunto.
- Desenvolver melhores chances de converter os conflitos em lições.
- Valorizar e compartilhar as ideias e movimentações no bem de uns pelos outros.

Allan Kardec na sua nobreza de caráter e grandeza de coração não era apenas um homem de finura e verniz social. A Sociedade Parisiense de Estudos Espíritas o tinha como sendo o bom humor em pessoa, cheio de simpatia e afeto. Ele se fazia verdadeira tocha de carinho e ternura a iluminar os relacionamentos entre todos e sua presença era reverenciada como a de um pai zeloso e amigo que preenchia o vazio do coração de quantos usufruíam da sua companhia. Jamais se impressionou com os papéis de sua missão e fazia sempre questão da cortesia que estava acima dos modos típicos e consagrados do povo francês àquele tempo.

Ele mesmo, com muita felicidade e talvez pressentindo os destinos sombrios que o movimento social em torno do Espiritismo poderia tomar, declarou: "A bandeira que desfraldamos bem alto é a do Espiritismo cristão e humanitário"[12], deixando claro que não bastaria o vínculo com a lição do Mestre sem a humanização dessas diretrizes na plenitude dos relacionamentos, o que seria repetir erros do religiosismo enquanto representatividade social, em desarmonia com a Verdade.

Finalizando, relembremos a saga sacrificial do Viajante do Cristo, Paulo de Tarso, que em expressivo estado de integração no amor, nos deixa vitoriosa recomendação em favor de nossas vidas espíritas-cristãs: "Eu de muito boa vontade, me deixarei gastar pelas vossas almas, ainda que, amando-vos cada vez mais, seja menos amado."[13]

---

[12] *O livro dos médiuns*, capítulo 29, item 350 - Allan Kardec - Editora FEB.

[13] 2 Coríntios, 12:15.

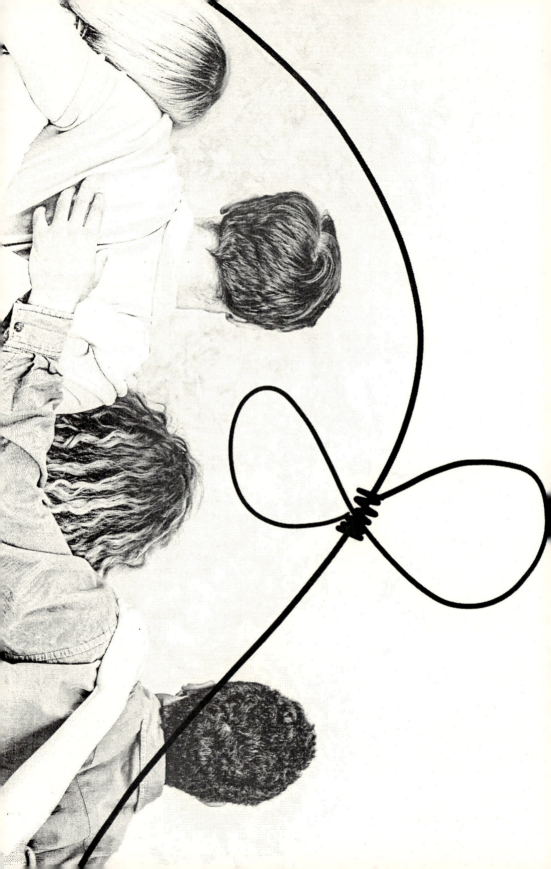

CAPÍTULO 3

Amor e alteridade

"As reuniões Espíritas oferecem grandíssimas vantagens,
por permitirem que os que nelas tomam partes e
esclareçam, mediante a permuta das ideias, pelas questões
e observações que se façam, das quais todos aproveitam.
Mas, para que produzam todos os frutos desejáveis,
requerem condições especiais, que vamos examinar,
porquanto erraria quem as comparasse às reuniões
ordinárias".

O livro dos médiuns - cap. 29 - item 324

O episódio cristão da traição de Judas encerra infindáveis leituras e lições às nossas considerações.

Jesus sabia que o fato ocorreria, mas nem por isso tomou uma atitude de exclusão. Mesmo sabendo da diferente postura do apóstolo, se manteve firme nos ideais de amá--lo incondicionalmente na sua peculiar diferença.

Isto é alteridade: o estabelecimento de uma relação de paz com os diferentes, a capacidade de conviver bem com a diferença da qual o outro é portador.

A alteridade consiste em saber lidar com o outro, entendido aqui não apenas como aquele que nos é próximo ou com relação a outra pessoa, mas, além disso, com tudo o que é oposto, distinto. O incomum ao mundo das nossas percepções pessoais, o desigual, deve ser respeitado como é e como está, sem indiferença ou descaso, repulsa ou exclusão, em razão de suas particularidades.

Alteridade, portanto, se torna aprendizado urgente para o futuro de nosso Movimento Social Espírita, considerando o lamentável processo de exclusão que vem ocorrendo em surdina nas fileiras de serviço, em função de uma homogeneidade imaginária.

Conviver com os contrários e aprender a amá-los na sua diversidade, constitui desafio moral para os grupamentos espiritistas no campo da alteridade, mesmo porque, o pilar da nova revelação cristã indica a fraternidade como base das relações pacíficas e mantenedoras do idealismo superior, em direção às necessidades do homem do terceiro milênio.

A inclusão em nome do amor é ação moral para nossa convivência, sem a qual não faremos a dolorosa e necessária cirurgia de extirpação da egolatria, tão comum a todos nós – almas com pequenas aquisições nos valores essenciais da espiritualização.

Diferenças não são defeitos ou álibis para decretarmos a intolerância e a indiferença só porque não compreendemos o papel dos diferentes na engrenagem da vida, executando missões específicas que, quase sempre, só conseguiremos entender quando vencermos as etapas do processo de construção da alteridade.

Sem deixar de considerar as inúmeras variações que resultam das particularidades individuais, apresentemos algumas dessas etapas na conquista da alteridade:

- Conhecer a diferença – é a fase de acolhimento do outro abrindo mão de preconceitos e padrões morais preestabelecidos, guardando abertura de afeto ao diferente e à sua diferença.

- Compreender a diferença – é a etapa de criação das avaliações parciais, não definitivas, que favoreçam a análise do outro buscando entender suas razões, estudando seus motivos até tomar contato com a essência de seu ser, compreendendo-o pela percepção do sentido que ele tem para Deus, pelo seu papel cooperativo no Universo.

- Aprender com a diferença –é o estágio que une e permite a acessibilidade mútua e a receptividade das percepções do outro; propicia uma relação de aprendizado e a ampliação de noções sobre como a diversidade do outro pode nos ensinar algo, buscando, se possível, aprender a amá-lo na sua particularidade.

Amor e alteridade

Fácil concluir, portanto, que a alteridade pode estar presente nos atos de solidariedade, empatia e respeito nas relações em sociedade sem que, necessariamente, o amor legítimo esteja na base de tais atitudes. Por outro lado o amor é sempre rico de alteridade e não existe sem ela.

O trabalho doutrinário nos conduz a contínuos relacionamentos com companheiros de entendimentos diversos e, inclusive, oponentes como ocorre na vida social, embora as reuniões espíritas não devam se tornar assembleias ordinárias, aderindo a relações de insana competição ou de cruel indiferença.

O processo de alteridade será valioso nas interações entre companheiros de ideal e, parafraseando o Codificador, ocasionará grandíssimas vantagens.

Investir no entendimento de semelhante questão nos auxiliará a estabelecer uma autossondagem diante dos testemunhos da vida de relação, investigando em nós mesmos, a partir dos atritos e desencontros com o outro, as causas reais dos sentimentos que surgem no encadeamento do mundo emocional, efetuando uma viagem segura a um eu diferente, ainda não dominado e também desconhecido que reside em nossa intimidade.

Esse outro é o eu divino que resgataremos no aprendizado do autoamor e que, a partir dessa conquista, nos possibilita excursionar no mundo alheio sem manchar com as sombras da moral primária os elos de amor que devemos tecer com todos e com tudo, em favor da construção de um mundo melhor e com mais paz uns perante os outros.

Em vista disso, não esqueçamos de trabalhar por uma preparação ética mais sólida em nossos conjuntos doutrinários, tratando das temáticas que abordem a criação de relacionamentos coerentes com a alteridade, estudando o significado de compreender e aceitar, refletindo demoradamente no que seja saber criticar e discordar sem inimizade, sem oposição sistemática e desarmonia declarada, sabendo discordar sem amar menos apesar de pensar diversamente.

Mesmo que nos aborreçamos inicialmente pela ausência do hábito de conviver harmoniosamente com conflitos e tribulações da vida interpessoal, aguardemos por novos comportamentos repletos de amor e alteridade, aprendendo a maleabilidade, o altruísmo, a assertividade, o domínio emocional e os imperativos de vigilância sobre os impulsos menos bons, que serão promissoras sendas na conquista da ética da alteridade.

Evidentemente, não estamos defendendo o convívio estreito com os desafetos, em climas adversos; privilegiemos os afins como ponto fundamental ao bom andamento dos

Amor e alteridade

compromissos assumidos, aprendendo que afinidades são lembretes de Deus para não esquecermos o desejo de amar e estímulos para a alegria da amizade.

Contudo, não desconsideremos que o aprendizado do amor autêntico e a fixação da conduta amorosa é construída também com os menos afins, com aqueles que não nos atraem e com os quais superaremos, paulatinamente, graves entraves emocionais nos libertando para voos mais amplos pelos céus universais pulsantes de amor divino, na vitória sobre o egoísmo que ainda nos aprisiona.

*****

Amigo dirigente,

A responsabilidade que lhe cabe junto aos trabalhos da doutrina é de inestimável valor.

Difundir esperança, favorecer a promoção humana, promover a delegação de responsabilidades e dar o estímulo para viver são alguns dos inúmeros deveres confiados a você ao assumir os postos da direção espírita.

Pense e medite em seus desafios. Você está no cargo que lhe trará graves ocorrências na medida das suas necessidades de aprendizado.

Não fuja da ocasião e faça o melhor que puder.

Nos terrenos do afeto com aqueles que o rodeiam vigie suas manifestações de carinho e atenção avaliando os efeitos de suas ações, continuamente.

Alteridade para você será o desafio de aceitar cada pessoa em sua experiência evolutiva, auxiliando-a a crescer e a se libertar.

Se guardar contigo os preconceitos e padrões, ainda que manifeste afeto e reconhecimento aos que lhe rodeiam, certamente eliminará o ciclo espontâneo das relações que devem vigorar em seus ambientes de esforço. As pessoas à sua volta nem sempre saberão traduzir a linguagem universal dos sentimentos que as envolvem, mas perceberão o distanciamento e a reserva com que são tratadas.

O afeto para ser Divino precisa ser espontâneo, autêntico e natural.

Se você guarda dificuldades em entender esse ou aquele companheiro, se não admite determinadas expressões comportamentais que diferenciam de sua formação doutrinária, se não compreende determinadas ideias que a você parecem desconectadas da proposta espírita, tenha muito bom senso para que não se aprisione aos grilhões do personalismo que subtrai a alteridade e a capacidade de entendimento com o outro.

Os dirigentes espíritas conscientes da atualidade precisarão de muita alteridade para cumprir sua missão satisfatoriamente. Razão pela qual, mais que nunca, devem aprender o que seja promover e delegar, a fim de permitir aos que lhe cruzam as vivências, encontrar com o preparo elementar e o quanto antes os caminhos adequados de crescimento que nem sempre serão ao seu lado.

Liberte-se da ideia de uniformidade e ajude cada qual a descobrir o seu caminho para Deus, sem jamais esquecer que cada criatura tem o seu roteiro divino.

CAPÍTULO 4

Recepção, atendimento e integração

"Uma Sociedade, onde aqueles sentimentos se achassem partilhados por todos, onde os seus componentes se reunissem com o propósito de se instruírem pelos ensinos dos Espíritos e não na expectativa de presenciarem coisas mais ou menos interessantes, ou para fazer cada um que a sua opinião prevaleça, seria não só viável, mas também indissolúvel. A dificuldade, ainda grande, de reunir crescido número de elementos homogêneos deste ponto de vista, nos leva a dizer que, no interesse dos estudos e por bem da causa mesma, as reuniões espíritas devem tender antes à multiplicação de pequenos grupos, do que à constituição de grandes aglomerações".

O livro dos médiuns - cap. 29 - item 334

Grupos onde seus integrantes são harmonizados entre si, e têm o coração aberto aos que chegam, se tornam convites vivos para que outros participem do ambiente fraterno, já constituindo essa postura afetiva em um benefício expressivo no atendimento às dores alheias.

Nesses dias de definição e reajustes a família, que deveria cumprir seu papel de núcleo educacional das virtudes superiores, perdeu seu norte pela fragilidade moral de seus membros, ficando assim a criança, o jovem e mais tarde o próprio adulto, subordinados aos fatores circunstanciais da vida que os impedem de alcançar um clima educativo e formar laços de afeto que lhes garantam estabilidade emocional.

Nessa hora da existência surge o centro espírita qual salva-vidas no tempestuoso mar das provações, apresentando uma proposta de paz e estímulo a novos caminhos. A alma então começa procurar a si mesma, realizando o contato doloroso com sua intimidade fragmentada, pobre e doente. Por isso, as instituições espíritas na pessoa de seus dirigentes e trabalhadores devem se dar conta da responsabilidade que é receber e encaminhar os irmãos que lhe batem à porta, famintos de luz e apoio.

Em muitos casos, as agremiações espíritas têm cumprido o papel de lar e família para grande parte de seus frequentadores. A dor que eles apresentam, como cartão de visita nas noites de reunião pública, é apenas o resultado de um processo de anos de solidão, desamparo, falta de orientação e carência de afeto familiar e social, adoecendo, por fim, a vida afetiva do ser.

Abracemos cada pessoa que chega à casa espírita como nosso filho ou irmão e ofertemos a elas a oportunidade de integrar a nossa família espiritual, usufruindo conosco dos banquetes de luz e amor que o Espiritismo nos propicia, fortalecendo-as para regressarem mais animadas e esperançosas em dias melhores junto aos seus. Passemos a elas o nosso bem-estar, contando as histórias felizes de recuperação que nos proporcionaram as diretrizes espíritas.

Os líderes espíritas são portadores de fino senso crítico e quase sempre destacam a precariedade em que se encontram muitos serviços doutrinários, apontando as mudanças necessárias para sua melhoria, o que é muito necessário. Não podemos deixar, por nossa vez, de atestar o valor que as atividades doutrinárias têm, mesmo nessas condições, em se considerando que, para a grande maioria dos que as integram, elas são fonte inesgotável de paz, amparo, orientação e disciplina, principalmente diante da escassez de recursos morais e espirituais de seus lares ou de outros ambientes de suas vivências atuais.

Diante desta realidade os coordenadores das atividades da casa devem receber e envolver seus colaboradores de forma especial:

Recepcione-os, valorizando.

Atende-os, orientando.

Recepção, atendimento e integração

Integre-os, promovendo.

Valorização, orientação e promoção constituem um programa educacional de amplas possibilidades e quando conseguimos vencer tais etapas sob o amparo do afeto fraternal proporcionamos aos novos trabalhadores a coragem para o recomeço, para o batismo de um novo homem, para "voltar a reencarnar na atual encarnação" retomando seu planejamento original construído antes de seu regresso ao corpo físico, resgatando seus sonhos.

O passo inicial para a composição de grupos fraternais ocorre no momento da recepção amiga e terna. Ali deixamos a primeira impressão de nossa família, de nosso grupo. Nesse instante, estamos confortando a dor do peito oprimido e a um só tempo cativando o desabrochar do futuro trabalhador. Os elos da confiança se estabelecem e daí para a amizade, basta somente um gesto de ternura.

Receber bem no centro espírita é nossa obrigação, faz parte da moral cristã abraçar a todos como irmãos e amigos e, sobretudo, é o dever de qualquer instituição que se propõe a prestar serviços junto à sociedade.

Valorizar o atendido é exprimir afeto e confiança, o que valerá por mil palavras. Além do que, essa postura vai auxiliá-lo na autoconfiança em vencer as dificuldades que o motivaram a ir ao centro espírita.

Acolhido como ser capaz e com potencialidades a serem desenvolvidas ele terá mais disposição para a sua própria transformação. Será então muito confortador e motivador saber que, mesmo com suas experiências de vida mal sucedidas, seu pouco conhecimento e suas possibilidades, não lhe tornam indigno de contribuir e cooperar. Essa foi a plataforma educativa do Mestre Jesus, que implantou a pedagogia da esperança para os corações destruídos pelo egoísmo e em queda moral.

Algumas das diretrizes dos recepcionistas fraternos são: a espontaneidade com moderação, preparo interior pela oração para espalhar magnetismo salutar, conhecimento das necessidades alheias, disposição íntima de ser útil e servir, finura no trato e o sorriso afetuoso.

O atendimento em nome do amor será dado de conformidade com a necessidade. Evitar padronizações, procurar colocar o coração receptivo em estado de empatia, olhar as expressões verbais e físicas, procurar gravar as palavras que expressem os sentimentos da pessoa para lhe conhecer as tendências do afeto, ajudar sem ilusões e imediatismos, ser claro no que a instituição pode oferecer, estabelecer parcerias com organizações que possam atender outras necessidades do assistido e oferecer a luz dos conhecimentos espíritas direcionados para o seu drama são alguns dos requisitos do atendimento fraterno.

Assim se forma a integração com os serviços, como natural reflexo da melhora pessoal e envolvimento com os componentes da casa. Quanto mais se efetivarem os vínculos sólidos nessa caminhada, mais interesse haverá do recém-atendido se manifestar com o desejo de cooperar, de realizar algo para auxiliar outros que como ele, agora, necessitam do amparo.

Recebendo com amor, falamos do Evangelho.

Atendendo com carinho, divulgamos o Espiritismo.

Integrando com respeito, oferecemos à vida a chance de perpetuar o ciclo de cooperação mútua, multiplicando as fontes de doação.

O Codificador foi de uma felicidade ímpar ao alertar para a necessidade de sensatez na admissão de elementos novos na organização doutrinária, menos pelos receios de problemas e mais pelas necessidades do recém-chegado. Cremos que o trecho de Allan Kardec nos instrui acerca da cautela em acolher bem, pois sabemos que parte das lutas enfrentadas pela instituição espírita, nos terrenos da convivência, advém da incapacidade de entendimento consciente e responsável dos que passam a integrar seus quadros de serviço sem receberem o preparo e a orientação precisa sobre a nova oportunidade de experiências a que se dedicam.

Quanto melhor a acolhida, maior será a integração e mais plena de consciência individual quanto aos novos deveres assumidos, trazendo por consequência frutos valorosos e alegrias para todos.

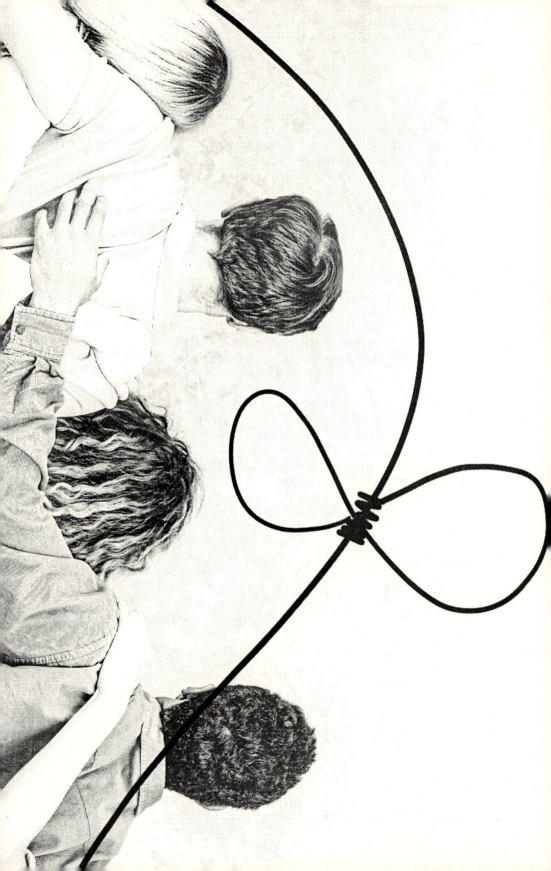

CAPÍTULO 5

Comportamentos hipócritas

"Garantimos que a uma sociedade espírita, cujos
trabalhos se mostrassem organizados nesse sentido,
munida ela dos materiais necessários a executá-los, não
sobraria tempo bastante para consagrar às comunicações
diretas dos Espíritos. Daí o chamarmos para esse ponto a
atenção dos grupos realmente sérios, dos que mais cuidam
de instruir-se, do que de achar um passatempo. (Veja-se o
nº 207, no capítulo Da formação dos médiuns.)"

O livro dos médiuns - cap. 29 - item 347

Feliz advertência do Codificador para as atuais frentes de
serviços doutrinários.

Verifica-se um excessivo interesse em receber comunicações pelas vias da mediunidade, constata-se um interesse
exagerado pelo que fazem e dizem os espíritos, despende-
-se enorme esforço para socorrer os necessitados e sofredores do além. Entretanto, o que temos organizado em favor
dos encarnados que receberam o socorro quando estavam
no plano espiritual e agora precisam da ajuda dos centros
espíritas em plena reencarnação? Ou aqueles outros que
um dia estarão fora da matéria, pelo desencarne, e que,

se não forem bem socorridos nas suas necessidades agora, irão vagar na erraticidade com grandes sofrimentos? Enfim, que tempo temos disposto para atender as demandas dos encarnados junto à nossa convivência e com que nível de seriedade?

Na natureza encontramos a camuflagem como sendo um instinto natural de defesa de alguns animais e vegetais que usam dessa propriedade de se confundir com a natureza na preservação de suas vidas contra os ataques no ecossistema.

O homem, embora detentor da inteligência e com outros objetivos, também camufla seu comportamento através da hipocrisia, apresentando-se com várias personalidades nos ambientes de sua convivência, conforme o seu interesse.

A hipocrisia é um dos mais antigos comportamentos da jornada evolutiva na Terra. Comportamento adquirido em milenares vivências é o resultado inevitável da desarmonia existente entre o pensar, o sentir e o agir.

Herança doentia do egoísmo, ela pode se expressar sob três facetas mais comuns:

- Reações inesperadas, instintivas e naturais que ocorrem em áreas específicas do aprendizado do ser nas quais ainda não detém maior soma de domínio e controle. São estados neuróticos superáveis.

- Ações deliberadas para compensação e atendimento de gratificações.
- Atitudes doentias de ocultação de identidades psicológicas devido a enfermidades psíquicas ou estados limítrofes a essas.

Dessas particularidades assinaladas, destacamos a primeira como sendo a mais apropriada ao nosso objetivo de estudo, reflexão e debate nos grupos que assumiram a proposta da restauração espiritual.

O disfarce no comportamento faz parte da rotina de nossas agremiações, integrando nossas atitudes na natureza das atividades doutrinárias.

Não estamos nos referindo à hipocrisia intencional, mas aquela que ocorre em função de assumirmos o compromisso das mudanças interiores e que nos leva a um comportamento falso e enganoso por não conseguir a mudança desejada, apesar dos esforços por melhorar. Nesse caso as condutas incoerentes com a ética espírita-cristã são frutos de conflitos íntimos, sobre os quais não obtivemos ainda um maior grau de controle e elaboração mental, somados aos velhos reflexos condicionados da hipocrisia deliberada, vivida em outros tempos.

Comportamentos hipócritas

É um fato sutil e que envolve a maioria dos novos adeptos e também aqueles que não se superaram no tempo resolvendo seus conflitos.

O verdadeiro espírita é induzido à mudança dos hábitos pelas seguras indicativas dos textos evangélico-doutrinários e pelas valorosas orientações que são ministradas pelos dirigentes da casa em que presta seus serviços, através de ocasiões especiais, dos estudos ou dos acompanhamentos e diálogos fraternos. Entretanto, a assimilação inadequada e imperativa dessas orientações faz com que ele se imagine com uma repentina e falsa reestruturação comportamental para a qual ele não foi previamente preparado. Lançando-se a esforços gigantescos e sofridos, direcionados para focos equivocados, acaba por se desgastar na manutenção de um rígido e repressor programa de vigilância que violenta a si mesmo. Não atingindo os padrões desejados no campo da vida prática, passa então a dissimular seus conflitos e frustrações para não perder a convivência na casa espírita, porque se se revelar, "o que os demais vão pensar?"

Para agravar tal quadro eles ainda encontram, infelizmente, insensíveis diretores, atendentes ou amigos do grupo a lhes dar severos julgamentos diante de suas lutas, afirmando tratar-se de obsessões de largo porte ou de invigilância declarada, colocações essas expedidas em tom de superioridade que leva ainda mais o companheiro, já em lutas consigo próprio, a uma maior autodesvalorização e sentimento de culpa.

Por isso surgem os comportamentos hipócritas que minam as forças dos que guardam sinceridade nas intenções de melhorar, mas ainda não conseguem, causando aflição e ansiedade em função dos circuitos mentais viciosos de autocobrança. As maiores fragilidades morais do espírito são as mais atingidas, deixando um rastro de frustração e sentimento íntimo de deslealdade.

A ausência da devida atenção a esses quadros morais dos trabalhadores favorece o prolongamento dessa experiência, tornando-a exaustiva, enquanto esses dramas da vida íntima poderiam ser minimizados se obtivessem um espaço apropriado para atendimento no centro espírita.

A ação hipócrita incomoda; no entanto, a maioria expressiva dos recém-chegados na organização não sabe o que fazer nesses momentos. Com o tempo, seu estado mental pode perder as resistências e desaguar em desequilíbrios psíquicos ou no estabelecimento de comportamentos exóticos de defesa.

Eis um assunto para nossos debates. Como ajudar esses trabalhadores? O centro espírita tem criado um programa para ensinar os processos da transformação íntima? Tem havido clima nos grupos para que os tarefeiros possam dialogar construtivamente sobre seus conflitos? Ou temos nos iludido ao transferir responsabilidades pessoais para as ações obsessivas de desencarnados?

Muitas pessoas, não suportando o peso dos continuados embates íntimos, optam por abandonar tudo em fuga silenciosa, porém, desesperada.

Encontramos aqui, no plano espiritual, quem não soube administrar seus conflitos e tombou na morte escolhida, depois de fazer do seu campo mental um vulcão efervescente de dúvidas, frustrações e desamor a si mesmo.

Nesse sentido anotamos o prejuízo causado pelos padrões comportamentais adotados em muitos núcleos, eleitos por seus dirigentes como sendo marcas de verdadeiros espíritas, gerando um nível mais acentuado de ansiedade em quem vive sinceramente na busca de seu autoaperfeiçoamento, que aguarda de todos nós o acolhimento afetuoso e indulgente, especialmente nos momentos de mais fragilidade dos novos discípulos, estimulando-os no clima da amizade, a sempre recomeçarem quantas vezes se fizerem necessárias.

Não teremos êxito sempre. Vezes sem conta ainda sentiremos de uma forma, pensaremos de outra e agiremos ao contrário de ambas.

A harmonia entre sentir, pensar e agir é o estado de plenitude para o qual todos nos destinamos. Até lá, vez ou outra, ainda teremos comportamentos hipócritas não intencionais que, pelo incômodo causado, servirão de fonte preciosa de autoconhecimento para os que guardam a lealdade consciencial.

Errar em clima de lealdade é lição imperecível.

Lutemos com persistência para que alcancemos, o quanto antes, a autenticidade na conduta a fim de não termos de pagar o preço por carregar as pesadas máscaras da superficialidade e da mentira.

Desde que não cultivemos a hipocrisia calculada, caminhemos para frente guardando a certeza de que nossa harmonização com a verdade custará instantes de insatisfação e autodesvalorização que não devem nos abater.

Acima de tudo, o mais importante é trabalhar e confiar ao tempo a solução de nossas experiências porque, mesmo depois de vencida a etapa mais dolorosa, ainda teremos de lutar com aspectos muitíssimo sutis de sua presença em nossos atos.

Buscando estudar nossas reações, descobriremos nossas personalidades e as sublimaremos em regime de perseverança e convivência pacífica com nós mesmos.

A maturidade usufruída na superação dos conflitos nos trará a paz, a resistência e a integridade de comportamento.

Para não desanimarmos, reflitamos sobre o versículo no qual até Pedro, a rocha do Cristianismo nascente, sucumbiu em involuntária hipocrisia negando o Cristo: "Não sou".[14]

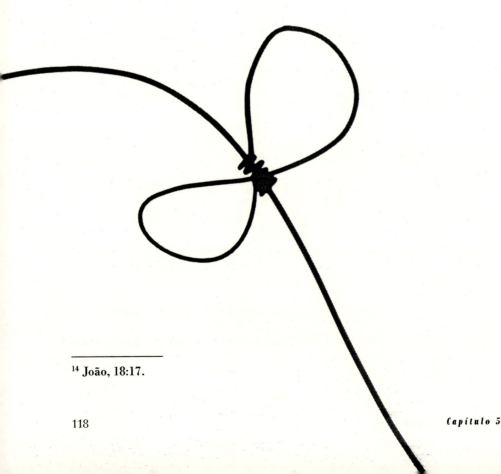

---

[14] João, 18:17.

Capítulo 6

Habilidade essencial

"[...] a caridade e a tolerância são o dever primário que a
Doutrina impõe a seus adeptos".

O livro dos médiuns - cap. 29 - item 335

Ao longo das vidas sucessivas, o exame meticuloso dos erros alheios conferiu-nos ampla capacidade de analisar as imperfeições do próximo.

Graças a essa habilidade de avaliar a conduta alheia somos exímios juízes e psicanalistas, dotados de vastas possibilidades de encontrar causas e razões para os desatinos que ocorrem fora da esfera do eu.

É lamentável não utilizarmos tal recurso para reerguer e auxiliar o próximo no seu aprimoramento sendo que, habitualmente, o usamos para destacar o lado ruim e amargo de tudo e de todos. Deter-se nesses ângulos sombrios é atitude comum para a maioria dos homens nas experiências da vida.

Entretanto, se espera de nós, os aprendizes espíritas, maior lucidez nas ações. Nosso desafio, enquanto discípulos, é saber se manter afetivamente focado no lado bom, nas qualidades, nos instantes bem sucedidos de alguém, embora tenhamos vastas possibilidades de lhes perceber as imperfeições. A essa qualidade chamamos indulgência.

Habilidade é essencial frente aos imperativos da convivência social, quando temos como meta básica a própria paz e o progresso dos grupos sob nossa guarda ou nos quais oferecemos a cooperação.

Sempre encontraremos motivos para a ofensa, a recriminação, a transferência de culpas para depreciar a movimentação alheia e para rebaixar o outro.

Compreender os erros, estimular as correções, perdoar a falha, reconhecer os valores alheios, dividir responsabilidades, apoiar iniciativas alheias, orientar no caminho certo e ser afetuoso na convivência dá muito mais trabalho.

Indulgência é habilidade que qualifica o homem com abundante inteligência emocional. O coração focado no aspecto sublime da vida torna a alma generosa e atraente, cuja irradiação é de aceitação e acolhimento.

Jesus, como sempre, é o modelo. Em momento algum do seu ministério de amor O percebemos em atitude de dar destaque ao mal; hábil e vigilante, sabia sempre onde o mal se ocultava e procurava erradicá-lo sem o evidenciar.

Com a pecadora, lembra que "quem estiver sem pecados atire a primeira pedra.

Com o paralítico de Cafarnaum, não pergunta como ele se algemou ao leito e perdoa seus pecados.

Com Pedro, antecipa sua negação em clima pacífico de alerta, sem menosprezá-lo, em pleno respeito a seus limites no campo da coragem.

Com Judas, usa de amor extremado sabendo o que ocorreria posteriormente, mas permanecendo em silêncio evita revelar o mal de que Ele próprio seria vítima.

Com Maria de Magdala, transforma-a em mensageira da ressurreição, inaugurando o tempo da misericórdia ante o esforço reeducativo, esquecendo o passado vergonhoso.

Alertar e repreender são instrumentos corretivos necessários para não motivar omissão e conivência. Entretanto, para os que cultivam a habilidade essencial da indulgência o ato de chamar o outro à integridade é realizado sempre pelo diálogo franco, fraterno e elevado, sem as típicas neuroses do melindre, nutridas por receios entre quem fala e quem ouve, fazendo dessas conversas educativas verdadeiros momentos de reconsideração e autoexame para a transformação necessária a ser realizada.

Habilidade essencial

Relações construídas na indulgência são educativas, ressaltam e fixam valores e estimulam o autoamor e o autoperdão.

Assumamos o compromisso renovador de descobrir em cada passo da existência as justificativas saudáveis do agir humano, buscando as razões profundas dos atos alheios, a fim de penetrarmos profundamente nas suas lutas espirituais na condição de enfermeiro socorrista, disposto a atender, remediar e prevenir enfermidades com as quais, muita vez, nem mesmo seus portadores conseguem avaliá-las com a lucidez desenvolvida nos hábitos seculares da formação de juízos éticos sobre o comportamento alheio.

O ser humano está doente na sua autoestima e reforçar os aspectos infelizes de suas ações é sobrecarregar sua vida com mais sombras e dor.

Nos grupos de nossa ação estejamos atentos a semelhantes lances da escola dos relacionamentos.

O companheiro ofendido pela nossa atuação enérgica é, muitas vezes, alguém decepcionado com as próprias expectativas que nutria sobre nós. Auxiliemos o irmão com cortesia e generosidade, no entanto, se ele recusar a oferta, sigamos adiante sem sofrimentos emocionais de lamentação e arrependimento.

Se aquele amigo de atividades espirituais se apresenta sempre vacilante e descuidado com os compromissos assumidos, lembre-se que, em muitas ocasiões, ele não é mais que um aluno portador de ânimo débil, incapaz de superar velhos limites pessoais para superar como deveria. Aceite sua contribuição inconstante e vai lhe demarcando referências corretivas para que possa melhor avaliar as consequências de sua instabilidade no andamento das realizações às quais integra.

Falhas e impedimentos de várias formas comparecerão nos serviços do Senhor. Por esse motivo procuremos sempre o caminho estreito e, se nessa enfermaria dos trabalhos espiritistas esquecermos a nossa condição de doentes, subtrairemos de nós mesmos as chances de recuperação e melhora. Nas próprias enfermarias humanas, quando os doentes percebem a extensão de seus dramas, se unem solidariamente uns aos outros, cada qual oferecendo o que pode. Isto se chama solidariedade, a indulgência ativa e promotora de paz e apoio às relações.

Dia após dia, cultivemos essa habilidade essencial para construir uma vida nova e cheia de bênçãos, liberando o psiquismo das enfermiças fixações negativas que costumamos encontrar ao nosso redor.

Habilidade essencial

Anotemos três resultados mais prováveis das fixações sombrias, despejadas sobre o mundo e as pessoas:

- Estímulo dos maus sentimentos.
- Climas inamistosos e pesados.
- Inviabilização para as mudanças necessárias.

Misericórdia e tolerância máxima são as medicações apropriadas de uns para com os outros, assim como lembrou José na seguinte colocação:

"Sede indulgentes, meus amigos, porquanto a indulgência atrai, acalma, ergue, ao passo que o rigor desanima, afasta e irrita."[15]

---

[15] *O Evangelho segundo o espiritismo*, cap. 10, item 16 – Allan Kardec - Editora FEB.

CAPÍTULO 7

Condutores afetuosos

"Nos agregados pouco numerosos, todos se conhecem melhor e há mais segurança quanto à eficácia dos elementos que para eles entram. O silêncio e o recolhimento são mais fáceis e tudo se passa como em família. As grandes assembleias excluem a intimidade, pela variedade dos elementos de que se compõem; exigem sedes especiais, recursos pecuniários e um aparelho administrativo desnecessário nos pequenos grupos".

O livro dos médiuns - cap. 29 - item 335

Sorriso tomado por sentimento bom, cordialidade contínua, conhecimento adquirido na vivência, conduta íntegra e afeição para com todos são algumas das marcas dos dirigentes emocionais.

Habituados a se conduzirem pelo coração, são dotados de uma sabedoria espontânea adquirida na solução de seus próprios problemas interiores e porque convivem bem consigo são afáveis e agradáveis na convivência com os outros.

Atos de equilíbrio, intuição e bom senso lhes são costumeiros, já que são portadores de harmonia e serenidade.

Condutores afetuosos são os que acolhem com cuidados especiais os seus tutelados e se dedicam com carinho aos deveres da tarefa.

Nos dias que passam, tornam-se polos atrativos de almas graças à sede de atenção e ternura em que se encontra a grande maioria das pessoas sofridas e abatidas em suas energias pelas provas dolorosas da reencarnação.

Como dispõem sempre de afeto cristão, fazem-se fonte de estímulo, esperança e diretriz no encaminhamento das soluções para todos que lhes partilham a convivência.

Apoiam, sem conivência; ajudam, sem paternalismo; são afetuosos, sem sentimentalismo extremo; ordenam com despretensão, dividindo responsabilidades; discordam, ampliando horizontes; promovem, confiando compromissos; coordenam com atitudes, além das palavras.

Pelas reações é que conhecemos o nível de afeto e inteligência emocional dos condutores em harmonia com Jesus. Onde muitos enxergam problemas, eles percebem soluções. Enquanto muitos desanimam, sua leitura é de que os obstáculos são sinais do caminho certo. Se são criticados, guardam piedade no coração. Quando insultados, só se lembram da oração. Condutores afetuosos, são o esteio das sociedades espíritas fraternas.

A eles compete a relevante tarefa de zelar pelo dever de toda instituição doutrinária no trabalho de melhoramento moral-espiritual. Conduzindo as atividades para esse fim, certamente oferecerão aos seus conduzidos um campo afetivo de largas proporções na execução da espiritualização do ser, e no desabrochar dos melhores sentimentos entre todos os que se entrelaçam no clima da verdadeira fraternidade.

Cuidarão para manter uma igualdade de visão quanto a esse principal compromisso de todo espírita, estabelecendo condições à constância do afeto nas expressões da amizade, aos relacionamentos sólidos e ao estímulo que vem dos exemplos salutares entre seus membros, porque todos estarão matriculados nas disciplinas da renúncia, do trabalho, do respeito fraternal e da solidariedade que são virtudes indutoras da autoeducação e do crescimento espiritual.

Vibrando em faixas de saúde afetiva, os componentes de seu grupo obterão melhores resultados nas tarefas, mais motivação para os encontros diários, formando uma rede de bênçãos, de conforto e esclarecimento a todos que queiram e possam se beneficiar de semelhante banquete emocional.

Condutores afetuosos

Tomando seu grupo como uma grande família, se esforçará por lhes oportunizar as melhores condições de convivência pelo entendimento mútuo.

Adotando simplicidade administrativa e proximidade com grande calor humano, conseguirá tornar o centro espírita um educandário do afeto em direção à ética de Jesus e Kardec, evitando que discórdias venham a se tornar uma propaganda negativa para a instituição. Para isso, se ocuparão em manter o tamanho afetivo de seu grupo, ou seja, ainda que ele cresça em número deverá fazê-lo preservando, proporcionalmente, a mentalidade inicial de ser uma família e de se amarem sem exceções.

Allan Kardec, condutor espírita exemplar, reunia em si a sobriedade intelectual e a generosidade, a sensatez e a ternura, o raciocínio vigilante e o acolhimento fraternal. Ele foi o primeiro dirigente espírita e, quem lhe empresta caracteres de um homem de ciência, não imagina como seu coração era rico de humor e de palavras espirituosas, com finas expressões de descontração.

Na Sociedade Parisiense era querido e respeitado, embora fosse alvo de inveja e intrigas devido à conduta intocável e à confiança irrestrita que todos lhe depositavam diante das cortesias e dos gestos amoráveis com que se expressava.

Sempre acompanhado por Amélie, compunham um par de almas que plenificavam o ambiente em doce paz.

Seu tratamento afetuoso era uma qualidade constante e, pelo amor que nutria ao Espiritismo nascente, não lhe era cansativo repetir sua gratidão a Deus por lhe ter descortinado os horizontes da vida espiritual, que era a sua fonte de alegria, amor e felicidade relativa que qualquer homem passaria a possuir quando se tornasse um verdadeiro espírita.

Assim, o Codificador ajustava sua existência à finalidade primeira do Espiritismo perante a qual se conduziu com rigor para consigo mesmo e com amabilidade para com os outros, junto à sociedade que fundou, buscando sempre priorizar, no contato com o mundo dos espíritos, a essência moral dos intercâmbios, através dos estudos metódicos e aplicados, nos quais todos absorviam a essência do Espiritismo na edificação de um mundo melhor.

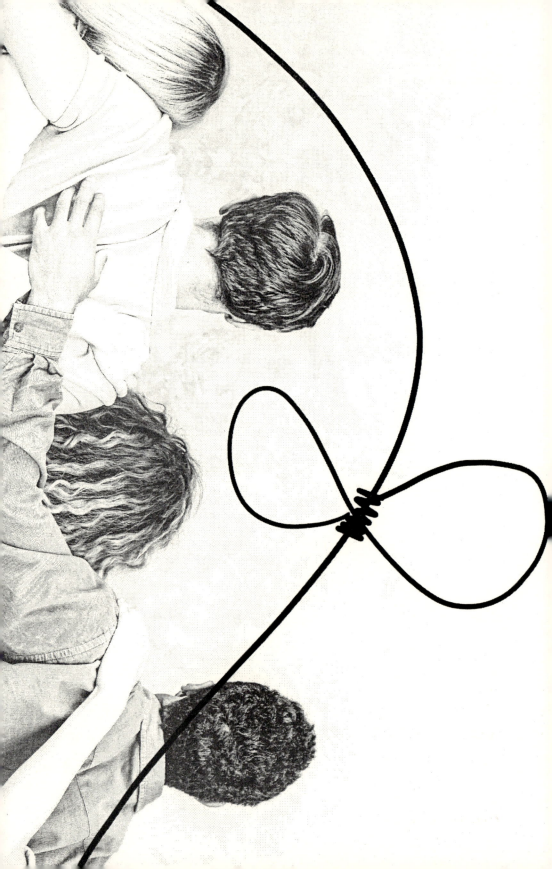

CAPÍTULO 8

Rebeldia, matriz de distúrbios

"Que importa crer na existência dos Espíritos, se essa
crença não faz que aquele que a tem se torne melhor,
mais benigno e indulgente para com os seus semelhantes,
mais humilde e paciente na adversidade? De que serve ao
avarento ser espírita, se continua avarento: ao orgulhoso,
se se conserva cheio de si: ao invejoso, se permanece
dominado pela inveja?"

O livro dos médiuns - cap. 29 - item 350

A classificação internacional de doenças (CID), agrupa
variadas psicopatologias sob a designação de transtornos
de humor, cuja origem encontra-se nas estruturas afetivas
do ser.

A forma como sentimos o mundo, as pessoas e os fatos
que nos rodeiam é sintoma determinante de saúde ou de
distúrbios, sendo esses últimos diagnosticados desde as
neuroses brandas até as psicoses severas, com expressiva
incidência nas depressões crônicas.

Esse sentir ou modo afetivo de reagir à vida é ponto fundamental da atividade mental, pois retrata a automati-
zação de mecanismos e reflexos milenares, construídos

nas vivências morais consolidadas nos porões da vida subconsciencial.

Nesses quadros de transtornos do humor percebe-se facilmente a presença da fragmentação da vida mental do doente com o mundo real, em razão da inadequação ou, ainda, da inaceitação das experiências nas quais é colocado na vida da matéria.

A insatisfação persistente acrescida da autoimagem idealizada para o mundo pessoal, retrato de anseios reprimidos, desenham um perfil psíquico e emocional para a rebeldia – reação de inconformação com o que somos, como estamos e o que temos.

Tal inconformação estabelece um campo mental de exagerada sensibilidade e muita autopiedade, expressões comuns da posição de vítima revoltada que criamos em nós pelo desgosto de viver e de ser.

Rebeldia é causa de vários distúrbios crônicos, é doença da alma, matriz do inconsciente profundo emissora de irradiações tóxicas para o adoecimento da mente.

Rebeldia com o corpo, vaidade revoltada.

Rebeldia na ofensa, mágoa fortalecida a caminho do ódio.

Rebeldia nos grupos, extrema dose de personalismo.

Rebeldia com as mudanças, prepotência em controlar a vida.

Rebeldia com a vida material, ausência da simplicidade no viver.

Rebeldia para estudar, orgulho do saber acumulado.

Rebeldia nas ideias, arrogância e desrespeito às opiniões alheias.

Rebeldia diante das normas, sinal de que, quase sempre, nos são necessárias.

Rebeldia nas palavras, focos de calúnia e mentira.

Rebeldia é a infecção do orgulho contaminando o cosmo individual.

O homem rebelde que desconhece os desdobramentos espirituais de sua atitude sofrerá com intensidade e só será libertado pela consciência quando cumprir seu dever.

Os conhecedores das verdades espíritas, quando na rebeldia, esgotam suas existências com terríveis conflitos de culpa e desajustes comportamentais que procuram mascarar com atitudes de puritanismo ou indiferença, sendo presunçosos e personalistas crônicos. O homem rebelde, quando favorecido pela luz da imortalidade, é avarento do universo assinando sua própria petição para as vias

Rebeldia, matriz de distúrbios

expiatórias da dor, estagnando na lama da revolta e da desobediência.

O lúcido Allan Kardec indaga com felicidade na referência de apoio: "Que adianta conhecer o Espiritismo e não se tornar melhor? Façamos continuamente essa autoavaliação para jamais esquecermos de que as linhas libertadoras do comportamento espírita vão bem além do dever, penetrando as esferas do amor incondicional e da humildade obediente aos desígnios do Pai.".

Rebelar, em certas circunstâncias, é lícito a todos nos rumos da vida, mas à luz da reencarnação não podemos jamais esquecer que fomos os arquitetos das experiências atuais nas provas que precisamos hoje.

Relembrando isso, ainda assim nos resta o direito de discordar de Deus. Verificaremos, no entanto, a bem de nós próprios, que o dever de aceitar-Lhe as orientações é fonte de paz e alívio nas dores de todo instante.

*****

Dirigente espírita,

Nos grupamentos de trabalho cristão a rebeldia se manifesta como insubmissão e descomprometimento, espelhando o clamor interior de ausência de entendimento com as tarefas e com o comportamento da equipe, adicionada de um sentimento de inutilidade que se apossa do trabalhador em crise de permanente insatisfação.

Quando a rebeldia surge nos conjuntos de trabalhos, requisita a oração e a força do exemplo para, pouco a pouco e com a paciência indispensável, sensibilizar o enfermo moral. Muitas vezes a rebeldia apresenta-se com tanta intensidade que não permite o auxílio por conta da deserção do cooperador.

Estejamos atentos a esses bombardeios de desequilíbrio que atingem o aprendiz invigilante. Em algumas ocasiões ele emudece e é levado a comportamentos que apelam para análises ponderadas no amparo, precedidas de elevadas doses de compreensão, indulgência e tempo para resgatar a harmonia.

*****

Amigo e amiga,

Interrompe os círculos de suas provas agravadas pela obstinação em que se encontra. Quanto mais tempo levar para reagir, mais alto será o preço do sacrifício.

Decide agora pela mudança já que sua revolta com elas pouco acrescentarão ao seu sossego e felicidade.

Apegos milenares e costumes que se perdem no tempo são renovados à custa de experiências opostas a seus sonhos de ventura.

Hoje, quando se rebela com suas provações, alegando cansaço e insatisfação, nada mais faz do que repetir o velho hábito de desafiar as leis da vida em crise de rebeldia.

Você não aceita o presente, revolta-se com o passado e reclama antecipadamente do futuro, quando o problema está em si mesmo e somente de você partirá a solução.

Aceitação e trabalho de transformação íntima são suas receitas de cura. Aplica-as o quanto antes e perceberás um alívio no torvelinho mental em que se encontra.

A cada ato de inconformação você adoece a sua alma e, de desgosto em desgosto causará lesões significativas em sua estrutura afetiva, gerando danos imprevisíveis para sua mente.

Comece agora sua recuperação e ore a Deus pedindo forças. Tenha humildade para tal e pare de desafiar o Criador e Suas leis.

A sua harmonia afetiva e mental depende do quanto conseguir afinar sua realidade à sábia e misericordiosa vontade do Pai e, para aprenderes a identificar a vontade divina, comece aceitando a realidade dos fatos, assumindo-os com coragem, responsabilidade e devoção, sem utilizar-se dos instrumentos da reclamação, da leviandade e da fuga.

Por fim, lembra sempre que a maior lição a que deve se empenhar diante das lutas da rebeldia é gostar do que tem, do que é e do que faz. Em resumidas palavras, descubra, o quanto antes, como amar a si mesmo.

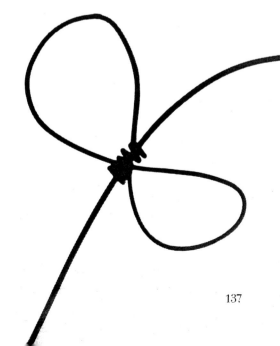

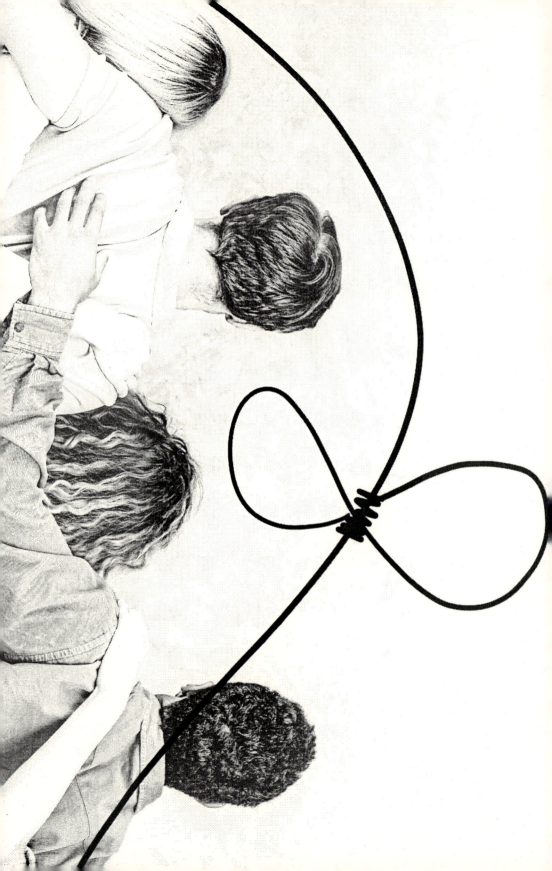

CAPÍTULO 9

Cuidados de amor

"Tudo o que dissemos das reuniões em geral se aplica
naturalmente às Sociedades regularmente constituídas,
as quais, entretanto, têm que lutar com algumas
dificuldades especiais, oriundas dos próprios laços
existentes entre os seus membros. Frequentes sendo os
pedidos, que se nos dirigem, de esclarecimentos sobre a
maneira de se formarem as Sociedades, resumi-los-emos
aqui nalgumas palavras".

O livro dos médiuns - cap. 29 - item 334

Em momento de elevada sensibilidade, um coração querido na vida física dirigiu-nos sincero apelo a fim de que pudéssemos, quando possível, escrever algo sobre como ampliar as possibilidades do sentir.

Jesus afirmou que onde está o nosso tesouro ali se encontra também o nosso coração[16], pois os cuidados de amor são fonte de riqueza e sabedoria nos quais depositamos nosso afeto nas ações de nossa vida.

---

[16] Mateus, 6:21.

Cuidar é uma palavra que merece atenção especial de todos nós. Os cuidados com a vida, com o próximo, com a natureza e conosco traduzem a atenção e o empenho para com as questões pertinentes ao coração e as responsabilidades de cooperadores na obra do Universo.

Colocaremos aqui algumas recomendações, porém, sem qualquer pretensão de esgotar o tema. São frutos de observação e vivência e todos, certamente, ampliam a sensibilidade e desenvolvem habilidades dos sentimentos, mas não podem ser considerados como regras ou um manual de viver. Podemos nomeá-los de exercícios do coração na busca de educar a afabilidade. Um treinamento para a ternura, para nossa disciplina e aprendizagem:

- SORRIR SEMPRE – divina expressão de afeto.
- GOSTAR DE CONVIVER – aprender a compartilhar, vencer a solidão.
- VALORIZAÇÃO DO BOM E DO BELO – sintonia com a natureza divina do existir.
- VIGÍLIA EMOCIONAL – disciplina e atenção plena aos sentimentos.
- DISPONIBILIDADE – cultivar a prestabilidade que cativa, alivia e gera otimismo.
- HONRAR A CONFIANÇA – exercício de fidelidade e superação dos maus afetos.

- PERDOAR SEMPRE – perdão é higiene e saúde do coração.
- GOSTAR DO QUE FAZ – termômetro do quanto gostamos de nós.
- ORAR PELOS DESAFETOS – sinal evidente de melhora e dilatação da alteridade.
- ATENÇÃO AOS SINAIS DO HUMOR – o humor influencia decisivamente a vida afetiva.
- SOLUÇÃO DE CONFLITOS – viagem interior de autoconhecimento e busca de respostas.
- SABER DISCORDAR – prova significativa da inteligência interpessoal.
- CULTIVO DA SIMPLICIDADE – sintoma de conexão com a essência da vida.
- TER CORAGEM PARA AMAR – ato de coragem ante a indiferença humana.
- CRIAR E RECRIAR LAÇOS – construir elos afetivos, revitalizar as alegrias, reinventar a rotina.
- SER ASSERTIVO – saber conviver bem com os sentimentos.
- TERNURA E CORDIALIDADE – cuidados essenciais de afeto para o dia a dia.
- CULTIVAR PERMANENTEMENTE O GOSTO POR CRIANÇAS – elas são a esperança e a pureza do Pai na Terra.

Cuidados de amor

- SER ESPONTÂNEO – usando dos limites necessários pode-se brindar a autoexpansão.
- OLHAR A NATUREZA – os princípios universais estão contidos na vida natural.

A prática desses exercícios torna-se fonte inesgotável de afeto para quem os estimula em sua existência, porque é a exteriorização do amor.

Tais expedientes de amabilidade e ternura formam a base para os relacionamentos edificantes, ricos na permuta dos cuidados de amor. Geram alegria e motivação em cada dia que se renova na formação de laços superiores, refletindo de forma sadia em nossas vidas e, particularmente, nos trabalhos doutrinários, com ótimos resultados para o trabalho e o trabalhador.

Vivamos intensamente esses relacionamentos, e inevitavelmente estaremos naquela condição dos bem-aventurados os que têm puro o coração, pois que eles verão a Deus.[17]

---

[17] Mateus, 5:8.

Capítulo 10

Meditação emocional

"O silêncio e o recolhimento são mais fáceis e tudo se
passa como em família"

O livro dos médiuns - cap. 29 - item 335

Os estágios de consciência são degraus do autoconhecimento decorrentes da superação dos conflitos internos do ser.

Há pessoas evitando seus sentimentos por medo deles, por não conhecê-los, e isso não leva à educação. Outros existem que nem se dão conta de quais sejam suas emoções, e ainda há os que estão caminhando para utilizá-las em seu crescimento.

A meditação emocional é uma forma de lidarmos com a afetividade, estimulando-a sob a influência de visualizações mentais criativas, sadias e moralmente enobrecedoras. Por isso, inserimos abaixo pequenas frases de estímulo que poderão servir de introdução para projetarmos a mente no dia a dia do trabalho doutrinário, e extrairmos os conteúdos de reavaliação e autoexame, brindando-nos com pequenos clarões no despertamento do afeto.

A continuidade do exercício será responsável pela otimização dos resultados, que poderão ser percebidos rapidamente, embora precisem ser seguidos da vivência a fim de que sejam definitivamente consolidados nas profundezas das delicadas e sublimes engrenagens da afetividade no corpo mental.

Despertar afeto significa colocar o outro e nós mesmos na tela mental das reflexões, dilatando a empatia e procurando senti-lo, entendê-lo, indagar-lhe as ações, procedendo a uma avaliação dos relacionamentos, dos fatos rotineiros, dos cuidados, das ocorrências felizes e daquelas menos satisfatórias, fazendo um apanhado das atitudes, elaborando mentalizações de conduta honesta e reta, sempre desculpando o outro e estudando a si mesmo, descobrindo as causas profundas das decisões e dos impulsos.

Em verdade, meditar não substitui a ação. A caridade é o maior exercício de amor e despertamento da sensibilidade, conquanto tenhamos na meditação um instrumento que será absorvido com facilidade pelas pessoas habituadas à autoavaliação ou que estejam predispostas a aprendê-la, fortalecendo o desejo e enrijecendo as disposições para conviver bem, sob o manto do amor incansável. Conviver bem é ter sabedoria para abordar o próximo tornando a relação sóbria, agradável, preenchedora, persistentemente, quantas vezes se fizerem necessárias. Além disso, é significativa a utilização da empatia e da vigilância para saber revitalizar essa permuta, cativando-a sempre com os nutrientes atos de afeto altruísta.

Semelhante iniciativa demanda permanente postura de autoavaliação, descobrindo, em nós, quais as causas reais para o que sentimos, pensamos e fazemos nos relacionamentos.

O estudo de nós próprios, seguido de ações renovadoras, será responsável pelo estabelecimento de elos mais duradouros e enriquecedores, sobretudo com aqueles os quais temos à conta de desafetos do cotidiano. Daí a importância da meditação sobre os episódios diários que nos cercam a convivência.

Escolha um momento mais disponível em que estejas mais relaxado e liberado das obrigações rotineiras, mais descansado fisicamente, ou então nos finais de noite, como preparo indispensável ao sono.

Faça uma prece a seu Espírito protetor e mantenha-se por um tempo pequeno apenas sentindo o clima da oração, assossegando a mente, relaxando as tensões físicas, formando o piso mental para a meditação.

Em seguida inicie a leitura das frases por nós sugeridas e detenha-se naquela que mais lhe desperte interesse,

Meditação emocional

remetendo-se em seguida a uma meditação sobre suas vivências em grupo, seja na instituição doutrinária seja nos campos de ação de sua vida pessoal.

Especialmente procure direcionar a meditação para os acontecimentos em que a consciência lhe chamou à integridade do comportamento, e reflita nos "porquês" de sua conduta; analise nas lembranças os motivos de sua ação, e agora repense o agir, os novos contatos, projetando uma atitude feliz e equilibrada, conduzindo seus raciocínios para a medida corretiva; ore novamente suplicando a Deus as reservas de força que carecerá para encetar o novo comportamento; ligue-se na imagem mental do abraço fraterno com o outro, sempre perdoando-lhe as ações e descuidos.

Vá se acostumando a fazer essa autoavaliação sempre e, com o tempo, a busca de si mesmo passará a ser espontânea. Sentirá uma imperiosa necessidade de entender suas decisões, suas distrações, seus instantes gloriosos, suas decepções, seus sucessos, suas amarguras, suas expectativas frustradas, penetrando na intimidade, na alma dos acontecimentos, extraindo dali o contingente da realidade não visível, não palpável ao homem fisiológico desatento dos deveres do autoencontro.

Somente de posse de semelhante compreensão você colherá os recursos para aprimorar suas manifestações interpessoais e empreenderá a afetividade sem se comprometer com a ingenuidade, com a lascividade, com as frustrações amorosas, com os traumas educacionais, com os conflitos do existir e do ser. Não se apegue demais, seja apenas um convite sincero à amizade, irradiando harmonia e simpatia ao seu redor.

Desse autoencontro você sairá cada vez mais confiante, capaz de conviver com mais proveito, pelo seu próprio bem e pelo bem do outro, utilizando com dinamismo e riqueza essa preciosa capacidade do afeto, sem os descréditos emocionais, fazendo dele uma fonte terapêutica e um caminho de plenitude em favor de sua felicidade, bem distante do sentimentalismo infrutífero.

Se não conhecer bem a si mesmo, jamais será capaz de compreender a ação do outro. Sem compreender o outro, perderá os frutos maduros que a escola do relacionamento tem a lhe oferecer.

Estando bem com você, conseguirá ser a mão amiga, o coração acolhedor e a diretriz para quem partilha de sua presença.

Meditação emocional

Jesus, o educador incomparável, estabeleceu o "vós sois a luz do mundo"[18] como sendo delicioso convite para que sejamos constante estímulo aos viajantes dos grupamentos de nossa convivência, irradiando alegria, esperança, bondade e paz.

Meditação 01

Intimidade nos relacionamentos é a zona delicada da convivência que apela para a virtude e o caráter, a fim de saber fazer dela o que se deve e não o que se quer.

Meditação 02

Em círculos de trabalho, onde o afeto se resguarda sob a proteção do medo de se relacionar, mantendo distante a afetividade, alastra-se um campo fértil para a mentira, a mágoa e a insatisfação.

Meditação 03

O que você fez esta semana para enriquecer o tesouro da amizade junto aos seus companheiros de ideal?

Meditação 04

Evita reclamar cotas de atenção e generosidade alheia. Com o tempo, se você se aplicar, perceberá que é muito mais gratificante ser amável e querer bem a todos. Exercite-se!

---

[18] Mateus, 5:14.

Meditação 05

Estabeleça em sua casa espírita o mural da fraternidade.

Expresse ali os bons sentimentos como um bilhete motivador, um cartão terno, uma mensagem de estímulo, a lembrança do aniversário, uma frase edificante de valorização.

Mural do afeto, termômetro emocional do grupo.

Meditação 06

Aversões, afinidades, desafetos, simpatias, todas elas são lições emocionais, aulas do coração.

Quando surgirem, pergunte: Senhor, como devo amar nessa situação?

Meditação 07

Descontração e alegria provocam saúde à convivência. Porém, nenhuma relação é tão efetiva e prudente como repartir ideias e emoções, sob o amparo do trabalho espiritual com finalidades sempre elevadas.

Meditação 08

Mantenha a serenidade diante das reações inesperadas e hostis daquele que lhe compartilha a tarefa de amor. Muitas vezes não tem como você avaliar o esforço dele para guardar a integridade, até aquele momento em que tombou na fragilidade.

Meditação 09

Para aqueles que abandonam as tarefas doutrinárias por entre mágoas e desentendimentos, mentalize sempre a condição do doente que resolveu abandonar o tratamento em franca rebeldia e guarde-se em oração por eles.

Você sabe que essa doença os acompanhará na condição de nova medicação aplicada pela dor; sendo assim, eles só precisam de apoio, orientação, estímulo e carinho. Críticas são dispensáveis quando já se adquiriu a luz dos conhecimentos espirituais.

Meditação 10

A estabilidade emocional de um grupo é medida pelo desejo individual de seus membros em cooperar na solução dos problemas que surgem habitualmente, evitando fixar neles a mente e o coração.

CAPÍTULO 11

Resgatando os sonhos

"Cordialidade recíproca entre todos os membros";

O livro dos médiuns - cap. 29 - item 341

Na vida espiritual, a grande maioria dos que deixaram a carne carregam consigo lastimável estado emocional de descrença e desvalor, em razão de vagarem pela vida física abatidos pelas provas e expiações dolorosas que lhes subtraíram a capacidade de sonhar e viver em paz e felizes.

As experiências provacionais na opressão, no sofrimento, nas privações, metas não atingidas, perdas irreparáveis, anseios reprimidos, doenças incuráveis, velhice frustrada, tudo isso nas mágoas e nos caminhos da obsessão e da enfermidade, reduzem a liberdade do homem, obrigando-o a regimes severos de disciplina e aprendizado.

Nessa situação seus sonhos e ideais são soterrados por obrigações e necessidades de cada dia no amargor da realidade.

A função das provas, porém, dentre outras, é ensinar a sonhar e não matar o sonho.

Sonhar é pensar em crescer, ter metas, desejar progredir, encontrar soluções e vencer suas batalhas.

Sonhar é pensar sobre o futuro; quem não sonha não tem planos e nem anseios de progresso.

Somente sonham aqueles que se sentem úteis e produtivos, porque acalentam ideais.

Sem sonho as pessoas vivem sem aprender, passam sem construir.

O principal sonho a resgatar na Terra é o de ser feliz, pois as pessoas andam desacreditadas dessa possibilidade.

Dominado pela rotina, o tempo retira da criatura, imperceptivelmente, os planos de vida e as fantasias de progresso, exigindo extrema capacidade de administrar as frustrações para conseguir viver e conviver ajustada aos parâmetros sociais exigidos que, embora frágeis, tornam-se estacas de segurança e estímulo para que a desistência não tome conta da mente cansada e do coração vazio de esperanças palpáveis.

Nessa peregrinação de miseráveis sentidos, pobreza de valores e vivências é que muitas almas fazem o doloroso aprendizado dos bons costumes e da melhoria espiritual. Impedido muita vez do essencial, caminham vencendo séculos ou milênios de endurecimento no mal ou de resistência ao bem.

Muitos deles aparecem em nossas noites de estudos públicos, tomam o passe e vão um tanto mais aliviados e confiantes, retomando suas lutas. Quando encontram grupos acolhedores e fraternos que se prestam ao serviço do amor incondicional e operante, deparam-se com um oásis ante o deserto provacional de suas existências, resgatando forças incompreensíveis junto aos trâmites de sua rotina.

O afeto revitaliza em suas almas a coragem, o ânimo, a esperança, resgatando antigos valores adormecidos e maltratados pela tormenta e pelo sofrimento.

Retomam também, ao longo de um tempo, a capacidade de sonhar colocando em ação os departamentos da imaginação e da criatividade, no desenvolvimento de metas sábias e harmonizadas com os novos conhecimentos e projetos de vida, sob a tutela da imortalidade.

O estudo e o trabalho espíritas lhes servem de investimento motivador da liberdade com responsabilidade, para a qual irão destinar, de agora para o futuro, todos os seus esforços possíveis na tentativa de dar sentido nobre e embelezador às suas vidas, até então, vazias e pobres para eles.

Resgatando os sonhos

Esse idealismo, essa paixão por um sonho de melhora espiritual é das mais preciosas dádivas a que alguém pode se entregar, frente aos muitos sonhos ilusórios e vazios cultivados pela maioria da humanidade terrena, ante os apelos do materialismo e do prazer dos sentidos.

Razão pela qual, diante dos quadros humanos de dor, o centro espírita deve ser aquele oásis de amor, paz e esperança aos viajantes cansados e oprimidos do caminho.

Repetindo a diretriz do Mestre, "Vinde a mim, todos os que estais cansados e sobrecarregados, e eu vos aliviarei."[19], a casa espírita, na pessoa de seus dirigentes e cooperadores, deve direcionar seus ambientes, tanto quanto possível, para auxiliar aquele que chega a recuperar sua dignidade e sentir-se novamente Filho de Deus.

Precisamos dar encanto aos nossos grupos. Acima de tudo, na vida interpessoal, dispondo-nos ao cultivo da ternura, do respeito e carinho para que o ser em provação, antes do sonho, resgate a confiança no outro, reavivando suas esperanças nos valores humanos cristãos e renovando suas crenças falidas no amor e na felicidade.

Contínua e invariavelmente, perguntemos a nós mesmos se estamos construindo as condições de encanto em nossos círculos espíritas, a fim de avaliarmos o quanto

---

[19] Mateus, 11:28.

estamos integrados com a proposta educativa da Doutrina Espírita.

Espiritismo é desafio educacional e educação, entre vários significados, contempla o educador como incomparável guia e descobridor, auxiliando o próximo a reencontrar-se consigo mesmo e a retomar razões para viver, sonhar e ser.

Nesse aspecto, a função do centro espírita será resgatar a capacidade de sonhar, e instrumentalizar o homem de recursos morais-espirituais que o auxiliem a tornar verdadeiros os seus ideais nas linhas do dever e da libertação incorruptível.

Daí o acerto da recomendação Kardequiana: "cordialidade recíproca entre todos os membros". Um gesto de afeto, uma palavra amiga, um minuto de atenção será alívio e força para todos esses homens e mulheres que vivem amargurados pelos pesadelos da realidade provacional, constituindo-se, muitas vezes, em portal de entrada para novos e mais felizes dias no futuro.

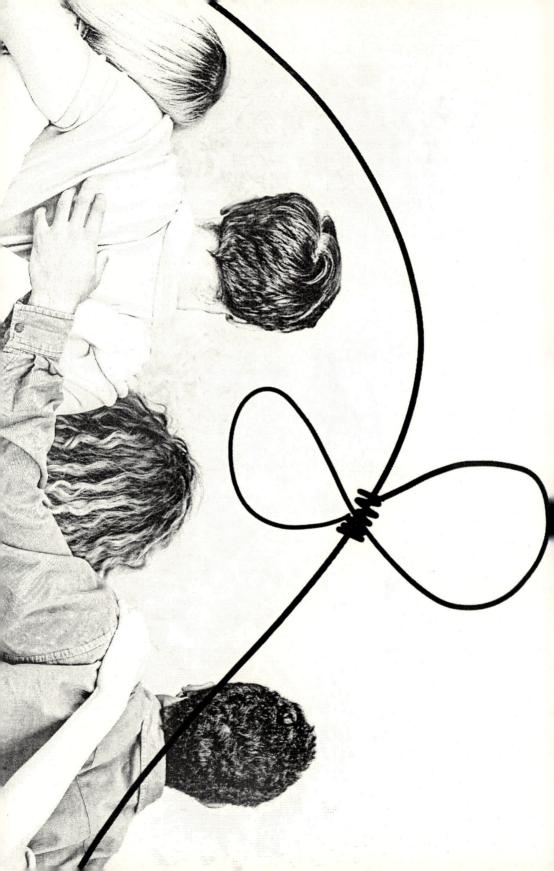

CAPÍTULO 12

Divergência e dissidência

"Estas últimas reflexões se aplicam igualmente a todos
os grupos que porventura divirjam sobre alguns pontos
da Doutrina. Conforme dissemos, no capítulo Das
Contradições, essas divergências, as mais das vezes,
apenas versam sobre acessórios, não raro mesmo sobre
simples palavras. Fora, portanto, pueril constituírem
bando à parte alguns, por não pensarem todos do mesmo
modo. Pior ainda do que isso seria o se tornarem ciosos
uns dos outros os diferentes grupos ou associações da
mesma cidade.

O livro dos médiuns - cap. 29 - item 349

O amor que devemos uns aos outros é tema sempre oportuno em nossos círculos doutrinários de Espiritismo.

O conteúdo esclarecedor da Doutrina Espírita é meio, é instrumento pedagógico, a fim de que alcancemos a essência evolutiva do ser, que é o amor. Por essa razão, os laços de simpatia e cordialidade deverão estar sempre acima das questões de interpretação cognitiva.

Merece ser analisado nesse tema a questão da ética da diversidade, que deve orientar as atitudes entre companheiros de um mesmo ideal doutrinário.

As vivências sucessivas nos terrenos da religião lesaram a mente humana com hábitos que até hoje refletem na convivência rotineira. Entre eles destacamos a ação discriminatória a quem não se alinhe filosoficamente aos princípios deliberados por uma ordem religiosa.

Tachados de hereges, muitos irmãos, ao longo da história, sofreram tão somente pelo fato de divergir no campo das ideias e dos costumes. Assim, criou-se uma mentalidade de uniformização doutrinária intocável, inquestionável e, quantos ousassem dela divergir estariam sob influência maléfica de forças contrárias.

Verificamos o que restou desse hábito enfermo nos ambientes espíritas, nos quais muitos relacionamentos emparelharam-se com as questões do religiosismo, alavancando todas as associações mentais pertinentes a essa experiência.

Desse modo, o ato saudável de divergir adquiriu uma conotação pejorativa, uma atitude própria de obcecados, dissidentes e personalistas, estabelecendo o conceito de que divergir significa oposição. Contudo, pensar diferente não significa que se ama menos ou que se está contrário a alguém ou a alguma instituição. Nem todos que divergem têm intenções dissidentes ou contrárias.

A divergência de ideias é uma necessidade a qualquer grupo ou pessoa que deseje o crescimento real. Onde todos pensam uniformemente há muito campo para o radicalismo de opiniões, à dissimulação de sentimentos e à fragilidade de elos emocionais para formação de relações sadias. Saber conviver com opiniões contrárias é saber emitir ideias sem a carga emocional da vaidosa pretensão.

Por isso, atentemos para o debate honesto e equilibrado, através do qual empreende-se a convivência fraterna em clima de pontos de vista diversos, e estimula-se a ação solidária em busca de pontos convergentes e de um relacionamento harmônico, não afetado pelo ato de discordar.

Defender um alinhamento ideológico em regime de unanimidade é arar o terreno para que estejamos, a cada dia, mais distantes da verdadeira união que todos desejamos. Precisamos aprender a conviver em regime de diversidade, prestigiando as diferenças e os diferentes com os nossos melhores sentimentos, principalmente se deles discordamos.

A ética da diversidade, a alteridade, é o próprio ensino de Jesus quando nos indaga "que galardão há em amar somente os que vos amam?"[20]

---

[20] Mateus, 5:46.

Divergência e dissidência

Pergunta essa que merece a maior atenção de nossos grêmios espíritas-cristãos, diante do desafio de disseminarmos para a sociedade os padrões éticos de uma nova humanidade, diante do alvorecer desse terceiro milênio.

A verdadeira unificação só se fará privilegiando a ética das diferenças, elegendo o respeito com todos os livres pensadores e segmentos que se estruturam em nossos grupos, respeitando-se e solidarizando-se.

Essa ética, que é a do Evangelho, nos propõem "amar os nossos inimigos"[21] e "orar pelos que nos perseguem e caluniam"[22]; enfim, é o amor alteritário, altruísmo vivido e exemplificado acima de tudo para com os que divergem de nosso entendimento.

Se guardamos as mais nobres intenções na escola do amor e se divergimos no entendimento, exerçamos na intimidade esse aprendizado da alteridade aos que comungam conosco as rotas de ação e entendimento.

O grande desafio do programa unificador neste século é a convivência alteritária sob o manto do amor fraterno. Nesse tempo se compreenderá que caminhos dissidentes nem sempre são caminhos oponentes, mas, antes de tudo, alternativas de labor e aprendizado na escola diversificada da vida.

---

[21] Mateus, 5:44.

[22] Ibidem.

Não podemos deixar de ressaltar, conforme Allan Kardec destacou em *Obras póstumas* - os cismas, que há dissidências ocasionadas por personalismos e vaidade, com enormes carências afetivas direcionadas para o destaque pessoal. Retifiquemos, porém, nossa visão, pois nem todos que enxergam a doutrina por óticas diversas às nossas ou que implementam programas com propostas fora dos padrões costumeiros, necessariamente, escolheram essa trilha para ser opositores obstinados e exclusivistas em busca de realce e glórias individuais.

Atentemos para essa questão sutil do amor: amar os diferentes.

Ética da diversidade: amor aos divergentes.

Jesus foi a grande referência. Por onde passou, externou sempre um abundante amor a todos, enriquecendo Seu caminho de lições alteritárias com muita abertura para acolher os divergentes de todo tipo, sem exclusões e sem dissidências, conquanto tenha Ele divergido dos caminhos humanos durante todo o Seu ministério.

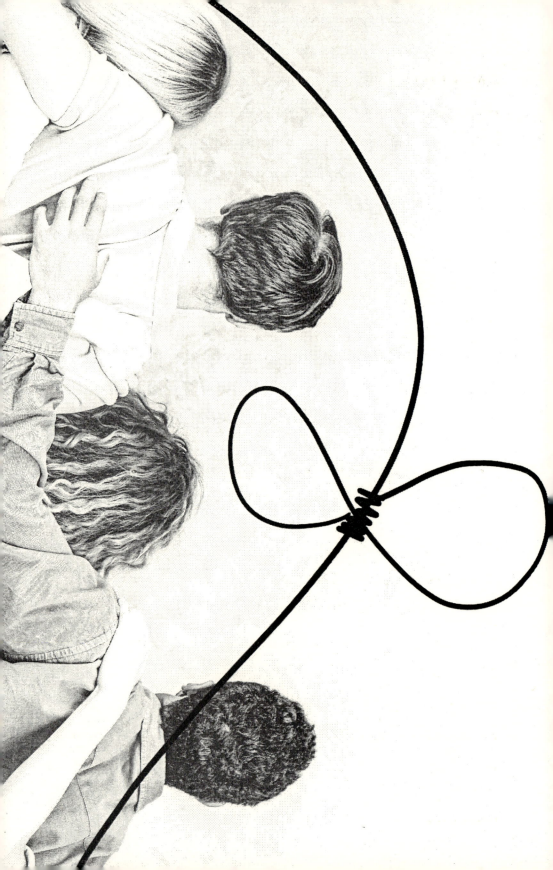

CAPÍTULO 13

Paixão e amor

"Ausência de todo sentimento contrário à verdadeira
caridade cristã".

O livro dos médiuns - cap. 29 - item 341 - 4ª parte

O alimento afetivo é essencial para o equilíbrio do ser humano. Sua função junto ao complexo psico-físico do ser é de evidentes e comprovados efeitos a partir da neurofisiologia do organismo corporal. A permuta afetiva produz a dinamização de substâncias neuroquímicas e a produção de endorfinas, gerando mensagens de prazer para o corpo que com elas se delicia em sensações agradáveis e revitalizantes. A corrente sanguínea é igualmente irrigada de adrenalina produzindo calor, daí a expressão *calor humano* quando se refere aos intercâmbios do coração.

Como se não bastasse, a vida mental é plenamente reciclada em cada ato de amor libertador, porque o afeto é a seiva reguladora do sistema humoral da criatura, nutrindo os neurônios de cargas psico-afetivas para o equilíbrio mental.

Paixão e amor

Apesar de sua função vital para a felicidade, a humanidade terrena estagia nos primeiros degraus do aprendizado relativo a questões da vida afetiva. Analisado sob as lentes do espírito imortal, a escola da convivência encontra-se ainda na infância de suas lições acerca do uso nobre do afeto.

A construção de relações libertadoras e sadias para a felicidade e a paz, exigem a boa utilização desse potencial em quantidade e qualidade adequadas à personalidade de cada criatura nos grupos de nossa atuação. Nessa perspectiva, no quadro das afeições do coração, torna-se imperioso averiguar as diferenças marcantes entre amar e se apaixonar, para que possamos ter melhores noções na aferição de nossas expressões de afetividade.

Na Terra toma-se um como sinônimo do outro na expressão *amar loucamente* quando se está apaixonado. Mas a paixão atrofia o livre-arbítrio, hipnotiza o raciocínio e perturba o comportamento, enquanto o amor liberta, amplia o discernimento e gera harmonia no ser.

A paixão é um fenômeno atrelado à gênese do egoísmo, enquanto o amor é a etapa das relações em que existe a renúncia espontânea do eu.

Consideremos a paixão como um dique rompido que permite às energias emocionais provocarem intensa evasão, quando não são contidas pela disciplina e pela conduta ética superior. Havendo o descontrole nos reinos do sentimento, automaticamente serão ativados os mecanismos da atração magnética e os implementos psico-físicos do sistema sexual.

Paixões relâmpagos costumam atormentar as mentes que se permitem fantasias de ventura ou o prazer em instantes de crise na guarda moral de si mesmas.

Paixões fulminantes sempre serão caminhos perigosos para o encontro com o verdadeiro amor, e não será demais lembrar que elas são um capítulo infeliz de histórias que, normalmente, terminam em decepções e muita mágoa que deixam doloridas feridas afetivas.

A paixão é como um colapso das forças do coração colocando a criatura refém de si mesma, nos domínios da afeição sem limites, atordoando a razão e enfraquecendo a vontade, causando uma pane biológica na vida hormonal e neurocerebral, tema esse que tem merecido estudos da neurociência na compreensão da química fisiológica.

Sabe-se na Terra que os processos afetivos são responsáveis diretos pela harmonia ou desajustes na vida dos neurônios. O estudo das sinapses - conexão entre os neurônios - tem revelado ao homem que a quantidade de neurotransmissores (elementos químicos mensageiros) é fator

Paixão e amor

determinante para variados quadros dos distúrbios do humor, desde a depressão branda a psicoses graves.

Os apaixonados alteram significativamente a produção de tais substâncias, responsáveis pelo fenômeno do apaixonamento, preenchendo os espaços sinápticos de dopamina e noradrenalina, às vezes causando extraordinário bem-estar físico e outras vezes produzindo a morfina natural ou as endorfinas, levando a reações incomparáveis de saúde e vitalidade. Sua ação altera o cosmo bio-fisiológico, contudo, passado o efeito desse colapso de *afeto biológico*, os reflexos do estado anterior retornarão podendo mesmo alterar o funcionamento da vida neuronial, a partir de processos energéticos que são detonados na vida mental extracerebral em razão dessa pane dos sentimentos.

Seja pela decepção ou porque acabou o fogo transitório da paixão, ficam dessa experiência dois resultados pouco construtivos: o intenso desejo de uma nova experiência melhor sucedida na sua conclusão, ou ainda a mágoa prolongada seguida de reclusão nas questões do amor. Ambas, consequências infelizes para o equilíbrio e a maturação dos relacionamentos.

A paixão afetiva sentida na juventude ou mesmo na velhice, ainda é um sintoma de imaturidade espiritual, um fenômeno primário inserido nos vincos da mente em milenares degraus da evolução dos processos do sentir. Seu benefício passageiro, quase sempre sem as condições de continuidade, denuncia sua pouca utilidade para o crescimento no campo das experiências da maturação emocional.

O verdadeiro amor, ao contrário de tudo isso, é uma construção lenta, feita dia após dia. É um desenvolvimento efetivado pela entrega total e pela responsabilidade com os deveres assumidos junto ao outro. É uma parceria que tende a crescer, na medida em que o par ou grupo cultivam os valores da cooperação espontânea, do apoio incondicional, da valorização mútua, do diálogo e outros tantos caminhos que fazem da relação uma amizade preciosa e boa de viver, sem os ímpetos infantis e arriscados da paixão.

Vigiemos nossas expressões de afeição, seja qual for a direção. Nas experiências espíritas, convenhamos que existe um tipo de paixão que torna imperativo a disciplina: é a paixão idólatra na qual canalizamos excessiva dose de afeto a pessoas de nossa admiração, ou a práticas, às quais nos devotamos nas rotinas doutrinárias, incentivando assim o misticismo e a idolatria em atos de fé impulsiva, na sustentação de carências pessoais. Tais lances da convivência em nossos núcleos espirituais podem incentivar o desequilíbrio, se não houver vigilância.

Paixão e amor

Confundindo mais uma vez a paixão com o amor, apegamo-nos excessivamente a essas situações, permitindo um predomínio de sentimentos para com esse ou aquele coração ou mesmo uma atividade, sobrecarregando-os com frustrações e projeções de necessidades individuais, desenvolvendo uma idolatria que pode chegar ao fanatismo e às ações inferiores, se não comparecer a educação e a responsabilidade.

Tudo em excesso é prejudicial para o crescimento espiritual.

A única paixão justificável nos quadros da espiritualização é a de aprender e servir.

Como nos encontramos nos primeiros degraus da escola do amor, cuidemos de nossos relacionamentos no grupamento espírita e verifiquemos se não estamos caminhando para esses excessos dispensáveis. Evitemos confundir admiração e afeto com ilusão e carências, respectivamente. Tenhamos prudência e aprendamos que mesmo o nosso amor, o amor ainda impuro, solicita muita disciplina e atenção para não permitir os golpes surpreendentes dos desejos inferiores que ainda carregamos.

Por isso costumamos destacar a convivência espírita como uma escola abençoada no aprimoramento da afetividade, porque nela, mais que em outros ambientes, somos chamados à lucidez da atitude através das sábias recomendações do Evangelho e do Espiritismo, em favor da integridade de nossa consciência. Talvez tenha sido devido a isso que o Codificador destacou a necessidade de cuidarmos de todo sentimento contrário à verdadeira caridade cristã, quando enumerou as condições morais essenciais para atrair a simpatia dos bons Espíritos.

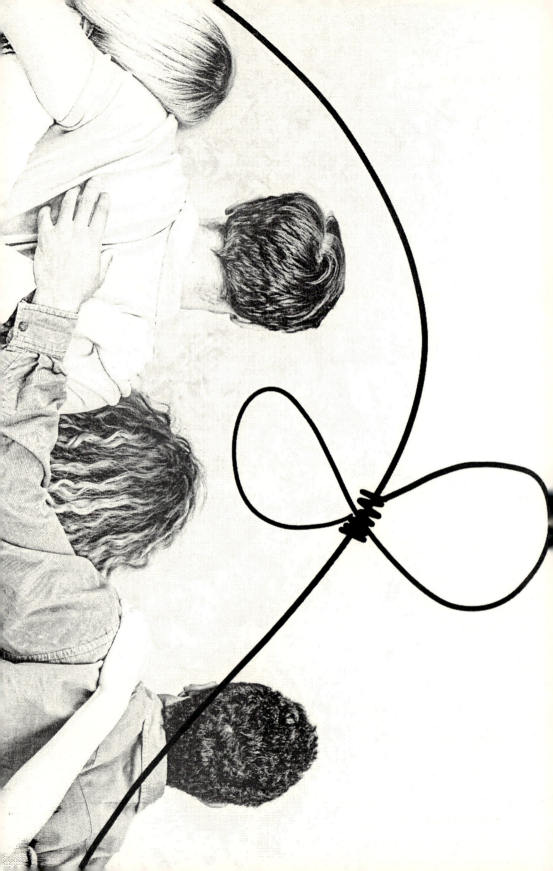

CAPÍTULO 14

O teste dos cargos

"Alguns julgam que o título de sócio lhes dá o direito de
impor suas maneiras de ver. Daí, opugnações, uma causa
de mal-estar que acarreta, cedo ou tarde, a desunião
e, depois, a dissolução, sorte de todas as Sociedades,
quaisquer que sejam seus objetivos".

O livro dos médiuns - cap. 29 - item 335

As motivações para a presença de alguém no centro espírita são sutis e pessoais. O estudo dessas razões íntimas levam-nos a enxergar as expectativas e interesses de cada qual, espelhando a variedade de necessidades de quem recorre aos serviços doutrinários. Esse estudo será sempre de grande utilidade aos dirigentes para adequar as tarefas e melhor atender as demandas espirituais de profundidade dos que se acolhem sob o teto espírita.

O frequentador de ontem assume hoje a posição de cooperador, e o cooperador de hoje será amanhã o condutor de grupos ou multidões, estendendo o benefício de sua experiência a uma mais ampla gama de projetos. Nesse caminho de crescimento e promoção individual serão encontrados os mais variados testes de aferição no que tange ao aprendizado.

As responsabilidades que assumem os trabalhadores conduzem-nos a vivências íntimas de libertação e amadurecimento com as quais a criatura dilatará seu patrimônio nos rumos da autorrealização da felicidade.

Contudo, até que o aprendiz ajuste o seu campo mental e afetivo às propostas do serviço, absorvendo-lhe a essência e finalidade maior, ocorrem desvios naturais e toleráveis que refletem na obra as deficiências do obreiro.

Fiquemos atentos a uma das situações que se apresentam como teste valoroso e que, no entanto, tem levado algumas almas bem intencionadas a quedas e distrações lamentáveis. É o teste dos cargos.

Allan Kardec não se furtou de aplicar sobre ele a sua lente de observações sensatas e meticulosas. Vejamos que em nossa citação de abertura, o Codificador constata a relação existente entre o título de sócio e a visão pessoal que pode estabelecer perturbações ao conjunto, quando o cargo é utilizado para fazer valer direitos.

Os cargos em si mesmos não são o problema. Eles são necessários para a disciplina, a ordem e o progresso das instituições. A relação de apego travada com os cargos é que podem constituir graves problemas para nossos Grupos.

Em muitos casos, temos observado um processo sutil de apego aos cargos, representando a expectativa subconsciente de prestígio e reconhecimento, como forma de compensar a frustração vinda de fracassos e metas não atingidas em várias vivências do ser humano. Não obtendo o sucesso desejável em outras áreas, a criatura encontra na posição de comando o lugar sonhado para ser bem-sucedido e valorizado. Não se sentindo bom pai, bom filho ou boa mãe, bom profissional ou bom colega, bom chefe ou bom vizinho, não alcançando voos de simpatia junto à convivência, ou ainda não obtendo sucesso nos degraus da formação cultural, procura nos cargos a proeminência, a situação de destaque junto aos grupamentos doutrinários, compensando suas frustrações não superadas.

Interessante analisar que existem almas com vivências opostas, bem-sucedidas em todas as áreas, no entanto guardando profunda necessidade de projeção pessoal que as leve, ainda assim, a recorrer às faixas dos rótulos: esse é o problema do personalismo.

Na verdade, nessas condições referidas, alguns são companheiros com baixa autoestima que, não se sentindo amados e queridos, parecem encontrar essa sensação de amor e respeito no trono das honrarias temporais. Alguns foram educados para a vitória nas passarelas do materialismo, onde desfilariam com seus títulos e méritos, outros são realmente espíritos afeiçoados à vaidade das posições exteriores, com as quais já se acostumaram ao longo dos séculos, outros ainda são apenas os que se iludiram com essa possibilidade de projeção, já que não foram felicitados com a autorrealização nas lições da vida.

A rotina dessas pessoas torna-se algo enfermiço na medida em que vivem seus dias, porque, não encontrando no lar, na profissão e na convivência a alegria e o bem-estar, fogem cada vez mais para a sombra da hierarquia, procurando aliviar os combates e descompensações tão absorvidos nesses ambientes, onde seu valor pessoal é recebido com indiferença. No centro espírita, porém, ele é alguém!!! É como se a linguagem de seu sentimento dissesse: "aqui eu posso, aqui eu sou". Por sua vez, aqueles enquadrados nas vivências personalistas serão motivados, cada vez mais, a dependerem de cargos para a continuidade de sua rotina espírita, chegando mesmo a afastarem-se da dinâmica doutrinária se não receberem as honras das quais se julgam credores.

Evidentemente que nessas situações, apesar do valor que terá o cargo e o encargo para essas criaturas, são poucas as possibilidades de uma direção promissora, de uma valorização das habilidades alheias, ponderada e democrática.

O campo de aprendizado será amplo, mas a atenção desses irmãos terá de se voltar, sobretudo, para a melhora das condições afetivas. Se o grupamento dirigido não tiver as qualidades desejáveis no quadro das virtudes, situações provacionais poderão surgir quando ocorrer a análise dos valores coletivos. Essa tem sido a situação espiritual de muitos grupos sob a égide da filosofia espírita: condutores assumindo ares de onipotência, com os quais se compensam nas necessidades e interesses pessoais, e dirigidos acatando a insensatez em nome de sua diretriz experiente, somente porque o companheiro do cargo tenha algumas dezenas de anos como tarefeiro.

O teste dos cargos é uma medida de desprendimento e humildade. Trazemos no psiquismo milenar experiências muito graves nesse setor.

O processo de hierarquia religiosa nos últimos vinte séculos consolidou hábitos de acentuado egoísmo. As próprias instituições estruturam-se para alimentá-lo através de concessões e privilégios.

O encanto com as posições temporais tem sido atalho de fortalecimento do personalismo e rota de fuga para os frustrados de vários setores. Razão pela qual, considerando a concepção espírita de hierarquia, assumir responsabilidade junto a rótulos de poder significa teste de competência e abnegação.

Os cargos e posições de destaque nas fileiras espiritistas, são como acréscimo de deveres e ensejo de fazer o bem em mais ampla escala. Naturalmente, com tais posturas o transbordamento afetivo poderá vir à tona. Nessa hora façamos continuados autoexames na verificação de nossas decisões e sentimentos, esforçando-nos sempre para transformar esse tipo de satisfação pessoal em relações afetuosas e devotamento ao bem coletivo, a partir das funções e obrigações da hierarquia, a nós confiada. Precisamos muito de exemplos nesse terreno.

Têm faltado atitudes lúcidas de desprendimento das formalidades e cerimônias que enaltecem o personalismo junto a ocasiões de congraçamento e festa, como também na rotina das instituições, quando então esse exemplo de abnegação pessoal contagiaria outros para que, mais adiante, quando viessem a assumir essas mesmas responsabilidades, respaldassem no exemplo de seus antecessores.

Porém, ainda hoje, temos que assinalar com lamento que, com raras exceções, semelhante atitude anda longe de nossos grêmios de amor.

Falta-nos coragem, talvez um pouco mesmo de criatividade para diminuir a excessiva aura dos cargos, minimizando a sua expressividade perante o respeito alheio, deixando crescer o afeto nas relações acima de quaisquer distanciamentos que possam provocar as convenções.

Estejamos atentos a essas brechas e iniciemos em nós mesmos o compromisso de estar acima das convenções, recordando a profunda e excelente advertência de Jesus, que constitui o melhor e mais feliz projeto para aproveitamento seguro e libertador nas provas do mando: "[...], o maior entre vós seja como o menor; e aquele que dirige seja como o que serve."[23]

E o mestre lionês, objetivando segurança e fidelidade na Sociedade Espírita de Estudos Parisienses, não deixou de assinalar em seu regulamento um artigo de essencial valor para todas as agremiações que se orientam sob a tutela do Espiritismo com Jesus, assim expressando-se: "Art. 5° - Para ser sócio titular, é preciso que a pessoa tenha sido, pelo menos durante um ano, associado livre, tenha assistido a mais de metade das sessões e dado, durante esse tempo, provas notórias de seus conhecimentos e de suas convicções em matéria de Espiritismo, de sua adesão aos princípios da Sociedade e do desejo de proceder, em todas as circunstâncias, para com seus colegas, de acordo com os princípios da caridade e da moral Espírita."[24]

---

[23] Lucas, 22:26.

[24] *O livro dos médiuns*, cap. 30 - Allan Kardec - Editora FEB.

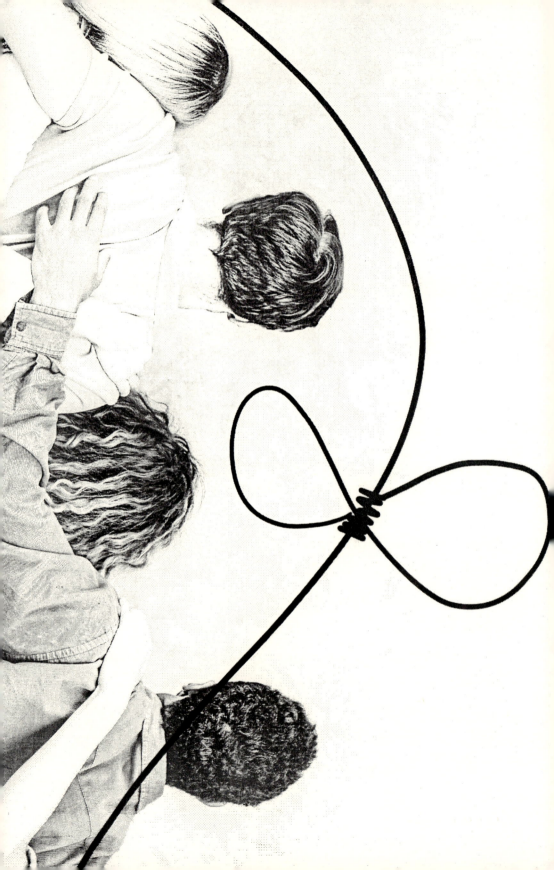

CAPÍTULO 15

Espíritas no além

"Se a evocação dos homens ilustres, dos Espíritos superiores, é eminentemente proveitosa, pelos ensinamentos que eles nos dão, a dos Espíritos vulgares não o é menos, embora esses Espíritos sejam incapazes de resolver as questões de grande alcance".

"Essa é, pois, uma mina inexaurível de observações, mesmo quando o experimentador se limite a evocar aqueles cuja vida humana apresente alguma particularidade, com relação ao gênero de morte que teve, à idade, às boas e más qualidades, à posição feliz ou desgraçada que lhes coube na Terra, aos hábitos, ao estado mental, etc".

O livro dos médiuns - cap. 29 - item 344

Mais uma vez a sabedoria do senhor Allan Kardec fica exposta na citação acima.

Ninguém aprendeu tanto com as comunicações dos espíritos "vulgares" como ele. Sua atividade nesse sentido foi exaustiva. E o ilustre Compêndio-Luz *O céu e o inferno*, de sua autoria, na 2ª parte, é uma excelente coletânea de exemplos classificados com esmero pelo

Codificador, atestando-nos o quanto podemos aprender com essas comunicações.

Seguindo seus sábios passos, transmitiremos aos amigos uma experiência nessa linha de aprendizagem.

Em tarefas desenvolvidas na erraticidade, cooperamos no ajustamento e adaptação de recém-desencarnados ao nosso plano de vida. Quando em estágios avançados de recuperação, prestes a retomarem contato com os ambientes terrenos em excursões educativas, aplicamos diversas técnicas de preparo e sensibilização; entre elas, o aprendiz descreve, em uma mensagem com apontamentos elevados, a sua experiência desencarnatória.

Selecionamos entre os muitos escritos, e com a sua devida autorização, um drama comum a boa parte das desencarnações de espíritas. Objetivamos assim que a vivência desse coração querido, nos lances da vida afetiva, seja útil às reflexões de todos que se encontram na carne, investidos das responsabilidades com o Consolador.

Segue, resumidamente, a mensagem:

> *"Meu drama não escapa dos resultados infelizes que nós, os espíritas, na maioria dos casos, colhemos além-túmulo quando empanturramos o cérebro com informações doutrinárias, sem digeri-las saudavelmente na vivência diuturna. Acumular conhecimento sem*

renovar o coração é o mesmo que nos mantermos desavisadamente à beira de enorme precipício que, ao menor descuido, arremessa-nos aos despenhadeiros da morte física e espiritual.

Somente aqui percebi com clareza que o pensamento iluminado é roteiro de paz, mas o sentimento, em verdade, é o espelho da consciência na busca dessa mesma paz que, no meu caso, ficou soterrada sob o monte da distração e do interesse pessoal.

A razão esclarecida é parceira da ilusão quando se desliga do afeto elevado, adquirindo séculos de dor e enganos que, depois de muito sofrimento, servirão como ferramentas do coração na conquista dos sentimentos nobres. Contudo, Deus não nos criou esse doloroso caminho. Nós o escolhemos...

Minha primeira grande decepção no além foi o encontro que tive com algumas companhias, que cumprimentaram-me com leviana intimidade e termos vulgares. Ao esboçar mentalmente a indagação sobre quem seriam, não careci da resposta, porque repassava na minha mente lembranças estranhas de lugares e ações entre nós... Percebi então que eram velhas companhias de minhas antigas condutas e seria ignorância querer me livrar delas.

A Misericórdia Divina, porém, é generosa sem ser conivente, e graças a alguns benefícios que espalhei abnegadamente, tive um estágio curto em tais companhias e ambientes repugnantes nos círculos próximos à Terra.

Minha falência tem sido a de inúmeros companheiros de ideal. Como disse, cérebro iluminado não garante nobreza de afeto, e foi em razão de descuidos do sentimento que decretei minha desgraça.

Os primeiros cinco anos de vida espírita, iniciada em plena juventude, aos vinte anos, foram estacas balizadoras. Trabalho, estudo e melhora moral. Chegou, no entanto, a hora do testemunho. Depois da faculdade, surgiu incomparável chance profissional. Não a perderia jamais. Dediquei-me de tal forma ao objetivo que abandonei a escola do centro espírita. Cada dia mais tornava-se imperativo desdobrar-me aos negócios.

Justificava minha ausência alegando a necessidade de descanso, e pensava ainda: isso passa rápido e logo terei vida farta, podendo dedicar-me ao Espiritismo.

Aos trinta e cinco anos já era um homem cansado, sem ideal, nem mesmo os materiais, já que comprovei na custosa carreira que a justiça social é inimiga do sucesso dos honestos. Cedi então aos convites da negociata elegante e 'justificável'. Afinal, 'não havia outro jeito'.

Comecei a ter lucros. Às vezes tinha sentimentos de desconforto, mas aprendi a enganar minha consciência.

Aos quarenta a ideia de formar família me atordoava. Nunca fui dado a aventuras afetivas nem pensava em filhos. Minha cabeça não permitia o tempo para os anseios do amor. O sexo não me atormentava.

Aos quarenta e sete anos, com uma vida estressada, fumando e ingerindo bebidas alcoólicas regularmente, adquiri uma úlcera duodenal que consumia minhas forças essenciais. Numa das internações hospitalares, meditava sobre minha juventude e tive a impressão nítida da presença espiritual de minha mãezinha querida; adormeci e tive sonhos inesquecíveis, nos quais ela me chamava à lucidez. Tudo em vão; saindo do hospital, deliberei por um negócio engenhoso. Foi meu último passo na vida física, porque os resultados foram desastrosos, levando-me a incontida frustração e cruel desânimo. Peregrinei nos centros espíritas novamente, entretanto, apesar de saber de tudo aquilo que ouvia, nada sentia no coração sofrido e congelado que me motivasse a alguma mudança.

Descuidado e imprevidente, desencarnei em lamentável acidente automobilístico.

Somente depois de muitas etapas superadas na autor-recuperação é que posso concluir com acerto sobre o drama que me abateu: priorizar e comprometer-se com as questões espirituais é assunto do coração, é questão do sentimento. E se o sentimento é o espelho da consciência, devemos refletir a Imagem Divina, para o bem de nós mesmos.

Distraído que fui, pago o preço do descompromisso...

Hoje tenho para mim uma outra escala de comparação sobre quem são os verdadeiros espíritas. Eu, que me entusiasmei em excesso com escritores renomados, médiuns ilustres e em bibliotecas ambulantes de Espiritismo em que muitos se tornaram, acredito agora que espírita com Jesus, no rumo da sua paz, é aquele que em qualquer tempo, nos obstáculos ou na calmaria, mantém o ideal de melhoria acima de quaisquer circunstâncias. Jamais abandona ou adia as tarefas, renunciando sempre que possível a gostos e projetos pessoais, deixando-se levar com muito equilíbrio pelos princípios do coração, que são direções seguras da consciência, encaminhando-nos para a legítima felicidade."

*****

Amigo de jornada,

Eis a nossa grande empreitada nos estágios espirituais em que nos encontramos: alfabetizar o coração na trilhas do bem definitivo, efetivar a aprendizagem da religião cósmica do amor, plenificar a existência renovando o modo de sentir.

Indagamos oportunamente ao sábio Bezerra de Menezes sobre qual seria o maior drama vivido pelos espíritas ao deixar a vida corporal, e dele recebemos a seguinte joia de sabedoria:

"Filha, os dramas espirituais são resultados da semeadura terrena, obrigando o lavrador da vida a colher os frutos do que plantou, conforme a lei dos méritos. Assim sendo, o maior drama daqueles que se internam na 'Enfermaria do Espiritismo' não está na infeliz colheita de sofrimento aqui, na vida extrafísica, mas sim no dia a dia da experiência terrena quando recusam-se, na condição de doentes, a ingerir o remédio da renovação interior. Conscientes do que existe para além da morte, deveriam se submeter a urgente metamorfose afetiva, acionando os recursos da educação com vontade firme e muita oração. O esclarecimento, mesmo constituindo luz e conforto, por si só, não basta ao sublime empreendimento.

Os dramas do além são consequências. O verdadeiro drama está em conhecer a Doutrina e nada fazer para melhorar-se."

E arrematou o venerável apóstolo do bem:

"Parece um contrassenso! Enquanto o homem comum colhe amargos frutos na vida espiritual pelo desconhecimento, os espíritas, quase sem exceção, experimentam sofrida amargura por muito conhecer.".

Perante a mensagem exposta e as palavras do "médico dos pobres", erguemos em alta voz a campanha pela humanização nos centros espíritas, convocando os irmãos de ideal, como lema de suas ações, a inspirada proposta do Espírito Verdade: "Espíritas! amai-vos, este o primeiro ensinamento; instruí-vos, este o segundo. - O Espírito de Verdade. (Paris, 1860.)"[25]

Certamente não será sem razões que nesse apelo o amor é o primeiro ensinamento...

---

[25] *O evangelho segundo o espiritismo*, cap. 6

Capítulo 16

Sob a luz do amor

"Os grupos que se ocupam exclusivamente com as manifestações inteligentes e os que se entregam ao estudo das manifestações físicas têm cada um a sua missão. Nem uns, nem outros se achariam possuídos do verdadeiro espírito do Espiritismo, desde que não se olhassem com bons olhos; e aquele que atirasse pedras em outro provaria, por esse simples fato, a má influência que o domina. Todos devem concorrer, ainda que por vias diferentes, para o objetivo comum, que é a pesquisa e a propaganda da verdade. Os antagonismos, que não são mais do que efeito de orgulho superexcitado, fornecendo armas aos detratores, só poderão prejudicar a causa, que uns e outros pretendem defender".

O livro dos médiuns - cap. 29 - item 348

Interessante analisar, daqui para o mundo físico, a influência marcante de velhas ilusões que carregamos para os ofícios de reeducação na sementeira espiritista.

Quando chegamos aqui, temos as percepções melhor dimensionadas que nos permitem lançar um novo olhar sobre os esforços gerais no bem, fazendo-nos concluir que

Sob a luz do amor

trabalho algum é dispensável, e todos, embora tenham as suas deficiências, concorrem para o progresso da causa.

No entanto, em regressando ao corpo físico, invadidos pelas milenares miragens do orgulho, costumamos entender nossa tarefa como a melhor e essencial, nossos conceitos como sendo a mais valiosa expressão da verdade e a nossa participação como admirável missão que nos eleva acima dos demais.

Apesar de erguermos juntos o estandarte da caridade, vezes sem conta abandonamos o imperativo de aplicá-la também nas nossas relações com quantos nos partilham o clima das atividades doutrinárias.

Retifiquemos essa miopia da visão espiritual.

Passemos a compor o escasso grupo daqueles que incentivam e sabem respeitar os esforços alheios, sejam eles quais forem.

Disciplinemos a tendência de excluir e, quando destacarmos falhas, recolhamo-nos na ação indulgente ou mesmo ao silêncio e à oração.

Valorizemos nossa atuação sem desprezar a do outro.

Juntemos esforços na direção que melhor atenda as nossas crenças sem alimentar o anseio de ser seguido. Recordemos que ninguém está obrigado a tal encargo, da mesma forma que não temos a obrigação de seguir ninguém.

Façamos isso em favor de nossa paz e da ordem geral nos nossos campos de trabalho redentor.

Lembremos a velha máxima das esferas extrafísicas que diz que nenhum caminho para o bem é dispensável, mas nenhum de nós é insubstituível nos serviços de Deus, remetendo-nos a concluir que, se toda tarefa é valorosa, certamente nenhuma depende de nós.

Em verdade, habitualmente, o excessivo valor que conferimos às realizações com as quais cooperamos é o mesmo que emprestamos à nossa personalidade sob as lentes da vaidade.

Em razão disso, anotemos duas metáforas oportunas.

O movimento espírita pode ser comparado a estimável universidade do Espírito; as instituições são as áreas específicas de aperfeiçoamento e cada tarefa pode ser entendida como uma classe que reúne um certo número de aprendizes. Nesse concerto de educação e melhoria todos temos o valor pessoal e intransferível no aproveitamento das lições na construção de nosso saber eterno.

Em outra imagem podemos conceber a seara como um incomparável hospital da alma; cada grupamento assemelha-se a uma especialidade de recuperação e cada atividade a uma enfermaria de convalescença. Nesse ambiente de tratamento e prevenção todos temos nossas doenças a cuidar com medicações individuais na busca de nossa alta.

Aprendizes e enfermos, eis o que "estamos"!

Portanto, ante os assaltos ilusórios do personalismo no que diz respeito a comparações e julgamentos, fiquemos com o Codificador que acentua: "[...] vias diferentes, para o objetivo comum, que é a pesquisa e a propaganda da verdade.", conforme a nossa citação acima destacada.

*****

Amigo do coração,

Esteja convicto de que, apesar de suas reservas com os deveres alheios no bem, Deus conta com eles.

Se você deseja entender os planos do Pai, envolva-se na psicosfera do amor para com aqueles aos quais ainda não consegue devotar apreço, entendimento e admiração incondicionais.

É natural que enxergue elitismo nos que estudam com afinco, já que por agora não tenha despertado ainda, tanto quanto deveria, para a importância do conhecimento na felicidade dos homens.

Compreensível que não entenda os eloquentes do verbo libertador, já que ainda não se sensibiliza o bastante para o benefício de impor disciplina a seu próprio linguajar diário.

Honesta de sua parte a preocupação com o excesso institucional, sabendo que seu incômodo é sinal do aprendizado que tem urgência em avaliar para que não cometa a mesma distração.

Aceitável que destaque personalismo naqueles que cumprem a rotina das honrarias e cargos, uma vez que não tenha dominado, por enquanto, suas manifestações de vaidade em pequenos lances da existência.

Sincero de sua parte supor que o alimento distribuído seja fonte de preguiça, considerando que ainda não tenha amealhado suficiente experiência da doação de si mesmo junto aos deveres materiais no lar e na profissão.

É justa a sua inconformação com a coleta de recursos para eventos de confraternização e estudo, uma vez que ainda não tenha arregimentado melhores concepções sobre a urgência da união entre grupos de interesse comum.

Razoável cobrar da conduta do próximo aquilo que ainda não consegue implementar na sua própria vivência, e que julgue os esforços de amor dos outros conforme seus limites de atuação.

Contudo, se quiseres amealhar paz e sabedoria para sua vida, sobreponha-se a todos esses conflitos da existência, que são sombras do egoísmo, e envolva-se no afeto cristão, sendo cortês, generoso e terno com tudo e com todos, educando-se no amor indistinto e incondicional perante as diferenças e os diferentes que lhe circundam a experiência carnal.

Vá, experimente e verás!

Verás o que acontece quando optares pelo Divino sentimento ao encontro de seus irmãos, sob a luz do amor.

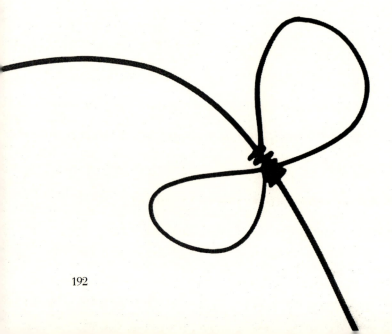

CAPÍTULO 17

Severa inimiga

"Graças a surdos manejos, que passam despercebidos, espalham a dúvida, a desconfiança e a desafeição; sob a aparência de interesse hipócrita pela causa, tudo criticam, formam conciliábulos e corrilhos que presto rompem a harmonia do conjunto; é o que querem. Em se tratando de gente dessa espécie, apelar para os sentimentos de caridade e fraternidade é falar a surdos voluntários, porquanto o objetivo de tais criaturas é precisamente aniquilar esses sentimentos, que constituem os maiores obstáculos opostos a seus manejos. Semelhante estado de coisas, desagradável em todas as Sociedades, ainda mais o é nas associações espíritas, porque, se não ocasiona um rompimento gera uma preocupação incompatível com o recolhimento e a atenção".

O livro dos médiuns - cap. 29 - item 336

As ações desta inimiga assemelham-se a chamas ardentes no coração. Crepitam somente onde existe o combustível do interesse pessoal. Resultam da extrema necessidade de projeção e aprovação social.

Ela se disfarça de animosidade crônica quando não consegue ofuscar o brilho alheio. Corrói no ódio as almas indispostas a se moralizarem.

Graças a seus complexos manejos, inclina o homem a destacar os aspectos sombrios dos esforços do próximo, reduzindo-os em favor da exaltação egoísta. Não conseguindo domínio sobre as reações emocionais infelicitadoras de que o acometem, camufla a sua desafeição com a indiferença e o descaso.

Ela apaga do dicionário da cordialidade as palavras de incentivo e elogio, admiração e alegria com os sucessos alheios.

Adora plágios de ideias que lhe rendam a sensação de originalidade e inteligência.

É causadora de desarmonia por não estimular uma convivência valorativa das habilidades e ações dos que compartilham responsabilidades no campo espiritual.

Eficiente fantasia do orgulho, ela domina o coração em razão da escassa autoestima.

É o ônus afetivo que carregamos contra nós próprios ao longo de milênios!

Estamos nos referindo à inveja, severa inimiga de nossa paz interior.

A inveja é das mais cruéis imperfeições morais, porque é filha queridíssima do orgulho, e sendo assim, é dos sentimentos que a criatura menos confessa a si mesmo. Pergunte a um grupamento das fileiras do Consolador quem padece de tal doença e, certamente, as justificativas de escape surgirão prestes a abonar as atitudes, fugindo cada qual de reconhecer que padece de inveja.

De fato, é a imperfeição que menos admitimos em nós, e que, no entanto, pela sua forma engenhosa de ser, impede seu reconhecimento.

Os limites entre a inveja e a necessidade de progresso, o desejo de lograr metas que outros venceram, é muito sutil e demanda autoconhecimento.

Bom será para nós, os seareiros do último momento, que a estudemos, com a profundidade que se faz credora, a fim de avaliarmos sua presença danosa nos celeiros de amor do Espiritismo.

É necessário muita perspicácia e espírito de fraternidade para constatar sua ação sutil e nociva em atos e pensamentos, palavras e decisões, sentimentos e procedimento.

Nossa atenção, entretanto, volta-se para uma de suas particularidades mais pertinentes ao trabalho doutrinário, ou seja, a animosidade crônica.

Severa inimiga

Conceituemos a inveja como sendo obstinada e crescente indisposição afetiva. Uma indesejável, inoportuna e estranha rivalidade com alguém.

Ela surge em razão de pequenos acidentes do relacionamento ou mesmo inesperadamente, sem nenhuma razão aparente.

Persegue seu portador com incômodos e indefiníveis sentimentos diante da presença daqueles que lhe são alvo de sua indisposição, chegando, muitas vezes, a constrangê-los ou confundi-los. Os invejosos deixam sempre a sensação de que estão escondendo-se perante os invejados.

Tipifica-se como um fechamento intencional do afeto, coagulando as emoções na frieza disfarçada. Se não houver nobreza moral e alguns cuidados, ela tomará o rumo da aversão e da inimizade.

Se os invejosos forem de temperamento discreto, guardarão variados estados de ânimo sob intensa pressão íntima seguida de mal-estar. Se forem extrovertidos, despencarão pela maledicência como extravasamento enfermiço.

Analisando suas causas mais comuns, constatamos que a inveja promove a inaceitação da felicidade, do êxito alheio e de perfis psicológicos que não combinem com os quesitos pessoais do invejoso, ou então apenas desencadeia elos mal vividos de outras existências corporais, retomando um ciclo de vinganças afetivas.

Crônica doença do afeto, essa animosidade pertinaz só será vencida à custa de muita oração e jejum, pautando-se nos relacionamentos com muita maleabilidade, superando o caráter rígido, disciplinando-se a hábitos de cordialidade e toques de ternura no despertamento de bons sentimentos, vigiando as expressões do humor e do amor até mesmo quando estiverem restritas ao campo dos pensamentos.

Em verdade, o invejoso precisa ouvir o coração clamando pela ação de paz e incentivo aos bons passos de quantos não suportam acompanhar as vitórias. Ouvir e agir no bem, eis o desafio!

Tão graves são as artimanhas da severa inimiga que o invejoso, quando acolhido com entusiasmo e cordialidade de quem é alvo de seus sentimentos, sente-se humilhado, disfarçando-se com atos de desdém.

Os invejosos são, sobretudo, sutis detetives da conduta alheia.

Chegará o momento em que reconhecerão o mal que causam a si próprios no ato de adular a severa inimiga, que se esconde traiçoeira nos bastidores de suas movimentações infelizes.

*****

Amigo do coração,

O Codificador relaciona em nosso item de apoio a questão dos inimigos confessos do Espiritismo no seu tempo, cuja frequência às sessões semanais tinha como principal objetivo retardar a marcha do Espiritismo. Hoje, esses inimigos, não estão mais contra a Doutrina, mas podemos encontrá-los em velada oposição aos seguidores da causa, dos quais sentem ciúmes e despeitos infantis.

Convém-nos relembrar a advertência oportuna escrita nos primeiros momentos do Espiritismo: "Se os inimigos externos nada podem contra o Espiritismo, o mesmo não se dá com os de dentro. Refiro-me aos que são mais Espíritas de nome que de fato, sem falar dos que do Espiritismo apenas têm a máscara."[26]

Nesse tema, alertamos aos servidores devotados e corajosos para precaverem-se contra esse capítulo especialíssimo da convivência doutrinária. Evitem apreciar em excesso essas artimanhas e caprichos do comportamento invejoso, quando o destino de tais investidas forem endereçadas a você.

---

[26] Revista Espírita – novembro de 1861 – Allan Kardec – Edicel.

Considerar em demasia esse gênero de conduta infeliz é atrair para si mesmo o halo vibratório emanante de tais corações. Mesmo quando tenhas sido o motivador da invigilância dos que o cercam, ore por eles e demonstre humildade sem subserviência.

Intencional ou não, a ação invejosa desses adversários gratuitos dos obreiros dispostos ao bem terminam em lamentáveis processos de leviandade verbal.

Difamação e maledicência são-lhe os açoites da palavra, provocando deserções e dissidências.

Como acentua o lúcido Kardec, agem através de surdos manejos, que passam despercebidos, e no campo do afeto espalham a dúvida, a desconfiança e a desafeição. São instrumentos da discórdia. Sentindo-se inferiorizados face às comparações que estabelecem com os bem-sucedidos, destacam os aspectos menos úteis da ação alheia.

Nas tarefas do centro espírita, a inveja, em vários casos, é sintoma de apego e apropriação de espaços de trabalho, seja nos cargos ou em atividades com as quais o carinho e a devoção do trabalhador abrilhantaram os deveres naquela oportunidade, seja na disputa mental que o invejoso trava entre si e aquele que concebe como oponente, em razão da desenvolta atuação de seu suposto adversário.

Percebe-se ainda a presença da inveja nos trabalhadores despeitados através do desvalor com que tratam o empenho do outro. Verificando um evento ou iniciativa, procuram atenuar a grandeza do êxito de grupos ou pessoas destacando facilidades e comodidades para tal experiência, ou ainda assinalando, sob sua perspectiva, os lados ruins de tais empreendimentos. Na verdade, o incômodo do invejoso com o progresso dos outros é algo muito doloroso para ele.

Nessa posição infeliz, sempre empenhado em olhar para fora de si, estabelecendo comparações e debochando das vitórias alheias, o invejoso impede a si mesmo de perceber seus valores pessoais e sua possibilidade de agir e vencer, embaçando sua visão espiritual para entender o papel glorioso a ele reservado na obra do Pai.

Certamente, sua crise moral é de inaceitação e rebeldia. Querendo ter ou ser o que os outros são ou têm, termina cada vez mais infelicitado e descontente, dando uma escandalosa prova de desamor a si mesmo.

As criaturas que se amam, ou estão aprendendo a se amar, compreendem que o ser tem seu destino, sua rota, sua missão, e que ninguém, ninguém mesmo, possui nem mais nem menos do que aquilo que merece ou precisa para cumprir seu caminho divino.

Porém, quando a alma entende as ordens naturais da vida, assimila sua parte individual na obra excelsa de Deus, compenetrando-se do espírito de cidadão do Universo e realizando a ventura de atuar pela edificação a que foi convocado, em paz e júbilos infindáveis.

Entendamos assim que, admirar, elogiar, compartilhar e incentivar as vitórias dos companheiros de ideal é a formação do hábito da solidariedade relacional no coração e exercício afetivo preventivo contra a inveja.

Adequemo-nos a esse comportamento feliz como quem estende as mãos uns aos outros em forte corrente do bem, auxiliando-nos mutuamente, fortalecendo os valores individuais e as benesses das tarefas, sem fixar-nos nas deficiências do trabalho ou do trabalhador.

Resumimos então em pequeno roteiro os passos no combate à nossa severa inimiga, quando ela se manifeste:

— Admitir sua existência no coração é o primeiro passo.

— Conhecer suas formas de manifestação.

— Estudar suas razões através de uma viagem interior.

— Adquirir o controle sobre as suas reações emocionais.

— Saber conviver harmoniosamente com ela, transformando-a para o bem.

— Empenhar-se na renovação da convivência construtiva com quem é alvo de suas investidas.

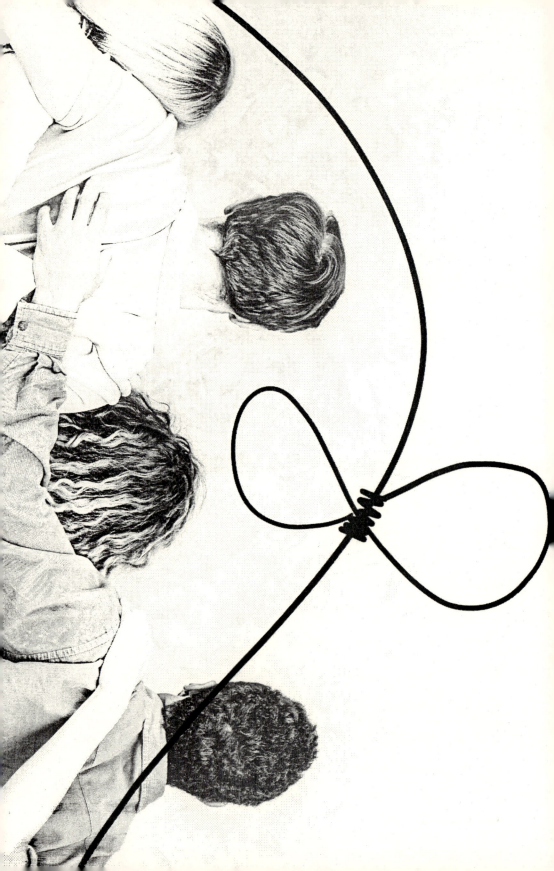

CAPÍTULO 18

Flexibilidade nos julgamentos

"Já vimos de quanta importância é a uniformidade de
sentimentos, para a obtenção de bons resultados".

O livro dos médiuns - cap. 29 - item 335

As sentenças irredutíveis que costumamos decretar aos
outros no campo dos julgamentos é assunto grave e oportuno nas questões da vida interpessoal.

Ainda não desenvolvemos suficiente capacidade para
analisar o outro de maneira alteritária, isenta das lentes
morais que classificam as diferenças como imperfeições e
limitações. Entendido aqui o outro como sendo o diferente de nós,

Em razão disso, e também por conveniência, basta uma
só atitude infeliz do nosso próximo, pela nossa ótica, para
decretarmos sentenças éticas, que serão rigorosos adjeti-
vos identificadores da personalidade daquilo que o outro
é, em nossa concepção.

Um homem não pode ser julgado apenas por uma atitude, por uma faceta de seu temperamento. Teríamos que
analisar melhor suas razões, seus sentidos pessoais, sua

integralidade espiritual para então fazermos melhor avaliação sobre os porquês de suas ações e de seu proceder.

A precipitação e a parcialidade nesse capítulo das relações têm propiciado um imaginário duvidoso, fantasias calcadas em expectativas referente àqueles com os quais convivemos.

A influência dos papéis sociais, as tendências do homem integral, a questão da educação infantil, o momento psicológico da criatura, a interferência de desencarnados, os interesses pessoais, são apenas alguns dos muitos fatores que devem ser considerados na arte de julgar.

Conveniências, nas quais nos encontramos amordaçados moralmente no atendimento a caprichos ou conceitos pessoais, determina que decretemos juízos definitivos e imutáveis sobre as pessoas. Uma leve oportunidade e já nos sentimos à vontade para expedir juízos. E se a pessoa em questão é alguém que não atende às nossas exigências de entendimento e afinidade, possivelmente daqui a um século ainda sustentaremos as mesmas recriminações, guardando, por conveniência, as mesmas ideias sobre nosso "réu". Nesse caso, nosso orgulho rebaixa o outro ao patamar das próprias lutas pessoais e a inveja provoca uma miopia impedindo-nos de enxergar as qualidades nele existentes.

Difícil tema dos relacionamentos, porque além de convivermos com aquilo que os outros pensam que somos, ainda temos que separar aquilo que pensamos que somos, daquilo que realmente somos, deixando claro que nem mesmo nós próprios, em muitos lances, sabemos avaliar com a precisão necessária as causas de nossas ações.

Como então apressar em acusar o próximo se nem a nós mesmos conhecemos com exatidão?

Devido a esse hábito enfermiço, podemos registrar algumas consequências previsíveis nas relações, quais sejam:

- Contínua indisposição de conviver com as pessoas, alvos de nossas críticas depreciativas.
- Incômodos emocionais variados, quando na presença da criatura julgada por nós.
- Tendência à maledicência na manutenção dos decretos por nós lavrados.

Precisamos analisar, o quanto antes, quais as causas desse automatismo milenar, se desejamos superá-lo. Em alguns casos, o complexo de inferioridade faz-se presente, levando-nos a reduzir o conceito de valor do outro, porque assim temos a sensação de que seremos melhor avaliados. Outras vezes, deparamo-nos com uma situação de projeção de autorrepulsão, recriminando no outro o que não aceitamos em nós.

Flexibilidade nos julgamentos

Sem a reencarnação não poderíamos investigar esse episódio comportamental com a merecida sabedoria, analisando a influência de imperfeições que determinaram fracassos conscienciais em vidas anteriores que custaram muita amargura e dor na erraticidade. Planejando o recomeço na carne, priorizamos intensa vigilância sobre esses antigos desvarios morais, nutrindo propósitos renovadores. Retomando a oportunidade na Terra, embalados por esses sonhos de libertação e conscientização, tenderemos a ser severos com tudo que girar em torno dos traços de caráter que desejamos vencer. Lamentavelmente, tal severidade transferimos também ao nosso próximo, e chegamos mesmo a imputá-la, em alguns casos, como pertinente somente a ele, abandonando mais uma vez os deveres corretivos em nós mesmos nas áreas de fragilidade.

Em verdade são variadas as causas dessa rigidez nos juízos implacáveis.

O importante é que tenhamos sempre maleabilidade na nossa vida interpessoal.

Cada homem tem seus motivos para ser como é ou fazer o que faz, ainda que palmilhando pela perversidade.

Busquemos assim a conquista da compreensão em favor da alteridade. Alteridade essa que não nos eximirá de ajuizar e pensar, mas que nos conduzirá, quanto possível, a uma postura de predisposição ao convívio fraternal nas bases da tolerância, do perdão e do entendimento.

Evidentemente, não somos obrigados a ser coniventes com as atitudes do próximo, no entanto, os desafios da convivência apelam para a utilização de relativização nas análises imputadas aos irmãos de nossa luta diária.

Aprofundemos constantemente o entendimento sobre os motivos que levam o homem a fazer suas escolhas e a tomar suas decisões.

É preciso elastecer a sensibilidade afetiva para galgar essa compreensão da realidade subliminar de cada criatura, penetrar na alma de cada ser, extrair a essência. Sem tal exercício, ficaremos na superficialidade, estabelecendo juízos parciais e sem conhecer as raízes das ações humanas, aprisionados a versões unilaterais que podem trazer-nos decepções ao longo da vida ou mesmo na imortalidade!!!

Portanto, será prudente que apliquemos sempre a severidade conosco, procurando tirar o véu do personalismo e realizando o autoencontro com a verdade sobre nós mesmos.

Ainda assim, será imprescindível a flexibilidade, o autoperdão, a complacência para com nossas deficiências, porque quando tomamos a decisão dos juízos imperdoáveis também para conosco, caminhamos para o outro extremo da questão, alimentando o desamor e a culpa contra a conquista da felicidade pessoal.

Ninguém é exatamente aquilo que dele pensamos ou sentimos no todo.

Perceberemos em cada ser aquilo que constitui, em verdade, o material da vida que edificamos em favor do nosso progresso pessoal.

Relações mudam, quando mudamos o foco que temos sobre aqueles de nossa convivência.

Quando mantemos um foco único sobre alguém, devemos nos perguntar: Por que estamos deliberando fixar a mente nesse padrão?

Certamente perceberemos, com tempo e serenidade, a que motivos estamos atendendo; aliás esses são quesitos imprescindíveis para julgamentos mais realistas e proveitosos.

Essa descoberta será de grande valor para nós, por se tratar do divino movimento interior do autoconhecimento, lançando sondas nas regiões inacessíveis do mundo íntimo em busca do aperfeiçoamento que nos tornará maleáveis e plenos de alteridade com o diferente, aprendendo a amar sua diferença e com ela sempre acrescer algo no auxílio e construção de uma relação pacífica e promissora.

*****

Amigos,

Julgamentos definitivos excluem as possibilidades da fraternidade.

As pessoas mudam a cada dia e nem sempre se conservam as mesmas, o que se lhes seria um direito, caso isso fosse possível.

Nos ambientes espiritistas os julgamentos morais tornaram-se triviais. Em razão dos conteúdos do conhecimento com o qual trabalhamos, muito facilmente percebe-se as conclusões do tipo: "é personalismo", "é vaidade", "é invigilância"; tais peças da inquisição ética, infelizmente, são utilizadas como processo de exclusão institucional ou mesmo relacional. A elevadíssima expectativa que nutrimos uns para com os outros, entre espíritas, chega aos extremos da insensatez. Devemos sempre esperar muito de nós mesmos, e ter sempre depurada misericórdia para com o outro.

Tal expectativa chega ao ponto de presenciarmos, inclusive, os julgamentos sobre o estado espiritual post mortem daqueles com quem convivemos ou que foram expoentes de nossos trabalhos, sobre os quais, comumente, imputa- -se excessivo rigor acerca de como se encontram na vida dos Espíritos, face a alguns deslizes cometidos quando na experiência carnal. Sejam graves ou não esses desatinos do comportamento alheio, é preciso destacar que o critério de maior influência na erraticidade ainda é e sempre será a consciência, acrescido da interferência protetora e educativa dos avalistas das reencarnações.

Em conhecendo a ficha espiritual dos milênios de seus tutelados, têm eles plena e competente capacidade para ajuizar sobre os destinos futuros. E não esqueçamos que, como instrumentos da misericórdia, tais tutores do bem só ajuízam sobre a recém-finda vivência de seu tutelado considerando o somatório de suas existências, sem jamais se fixarem nas infelizes decisões que tenha tomado ao longo de apenas uma etapa.

Para nós que temos acompanhado inúmeros processos de avaliação nessa perspectiva, aqui na vida espiritual, podemos afiançar que a carga de expectativa que os irmãos de ideal no plano físico colocam nos julgamentos uns sobre os outros, via de regra, não corresponde ao beneplácito com o qual é tratado cada desencarne de espíritas.

A elevada carga de expectativas que têm os companheiros destitui o sábio recurso da sensatez e da indulgência. Enquanto na vida espiritual aqueles que para os homens deveriam ser recebidos com honras quase sempre se encontram na perturbação, outros, supostamente na infelicidade em razão de suas invigilâncias, comumente, contam com o crédito do serviço no bem que realizaram, na amenização de suas faltas e na garantia de um amparo que os permita experimentar, tão somente, a controlável amargura que terão de suportar pelo bem que podiam fazer e não fizeram.

Essa é uma empreitada decisiva do orgulho que ainda nos mantém reféns ante os novos ideais que abraçamos.

Não conseguindo os voos de amor no campo do afeto que nos possibilitaria a tolerância e a afeição incondicionais, vivemos atrelados aos pesados fardos impostos pelas relações fatigantes uns com os outros, incomodados com a ação alheia, estabelecendo cobranças que supomos justas, sobrecarregando o próprio psiquismo com agastamentos a título de defesa doutrinária ou de correção de fatores históricos mal talhados, sob a ótica de nossas avaliações.

Enquanto mantivermos essas sentenças imutáveis penetraremos cada dia mais as sombras de nós mesmos, revivendo velhos quadros da perseguição doentia por "amor a Deus".

Quem cultiva a autenticidade e guarda a consciência tranquila na vivência dos ideais que abraça deve sempre recorrer ao diálogo, ao perdão, ao estudo atento dos fatos, objetivando fazer melhores juízos de tudo e de todos, buscando penetrar na essência das experiências da convivência e, sobretudo, sempre advogando o bem e a concordância no trabalho digno e renovador, evitando as ciladas do orgulho humano a nos conduzir ao império do autoritarismo e da tirania.

Jesus poderia ter estabelecido a Verdade para Pilatos, mas não o fez. Decretaria Ele na ocasião algo que competia ao governador descobrir por si mesmo. Certamente o Mestre sabia que pouco adiantaria julgar Pilatos em sentença recriminativa de qualquer natureza moral, porque ele não aceitaria e tudo permaneceria do mesmo modo.

Abstendo-se de ajuizar com o seguimento romano, Jesus ensina-nos a evitar a promoção de vínculos sutis e desgastantes, que sempre passam a existir quando decidimos, com nossa suposta autoridade, sentenciar com maus sentimentos a vida além da nossa, roubando a própria paz interior.

Razão pela qual, com o brilhantismo de sempre, Allan Kardec destacou, conforme nossa referência em estudo: "Já vimos de quanta importância é a uniformidade de sentimentos, para a obtenção de bons resultados.".

Capítulo 19

Nos leitos da caridade

"Como a caridade é o mais forte antídoto desse veneno,
o sentimento da caridade é o que eles mais procuram
abafar. Não se deve, portanto, esperar que o mal se haja
tornado incurável, para remediá-lo; não se deve, sequer,
esperar que os primeiros sintomas se manifestem; o de que
se deve cuidar, acima de tudo, é de preveni-lo".

O livro dos médiuns - cap. 29 - item 340

Uma sutileza da convivência humana tem se tornado muito habitual: a falta de gratificação nos relacionamentos.

O efeito imediato dessa indesejável situação é a ausência de motivos para recriar os encontros, já desgastados, com aqueles que compartilhamos os deveres na órbita doutrinária, levando-nos a acalentar o distanciamento propositalmente escolhido.

No educandário das provas sociais, onde crescemos à custa do trabalho-obrigação, é compreensível que tal quadro se desenvolva. Não podemos afirmar o mesmo quando se trata dos encontros e desencontros nas frentes de crescimento com Jesus.

Simpatia, antipatia, admiração e aversão nessa perspectiva são fatores reeducacionais de aprendizagem dos quais jamais devemos desertar, a pretexto de estabelecer somente relações felizes e que sejam agradáveis.

Quando nominamos o centro espírita como educandário do afeto é porque nele percebemos a imensa clareira de oportunidades para a aquisição dos valores morais e emocionais, que somente serão absorvidos na vida relacional ajustada a uma proposta de transformação pelas vias da educação.

Podemos encontrar uma das causas dessa desistência de conviver na sobrecarga que muitas vezes costumamos colocar sobre os irmãos de ideal, em razão das elevadas expectativas que nutrimos sobre seu proceder, aguardando deles finuras e gentilezas constantes como atestado de autenticidade espírita. Com isso, esquecemos das nossas limitações e carências, passando a cobrar dos outros o que ainda não temos condições de realizar. É saudável aguardar o melhor dos amigos, contudo, evitemos a rigidez diante de suas escorregadelas, porque senão estaremos, em verdade, acariciando a intransigência disfarçada em decepção. Elevadas expectativas devemos tê-las para conosco, embora ainda assim tenhamos de usar de paciência e autoperdão constantes.

Capítulo 19

Temos muitas barreiras de comunicação nas relações e isso tem aplicado uma carga por demais pesada no favorecimento do entendimento e da afetividade.

O tempero do afeto, contudo, facultaria o encanto e o bem-estar à convivência, estimulando a continuidade de elos imprescindíveis para a elaboração de projetos e trabalhos de fundamental significado nas leiras do serviço espiritual.

Ações intransigentes, se dotadas de afeto, se tornariam determinação construtiva.

Palavras enérgicas, embaladas na ternura da voz, seriam alertas promissores.

Normas rígidas, se externadas com carinho, estimulariam a reflexão.

Vigiemos, portanto esse distanciamento por opção e transformemos nossas relações.

Reflitamos um pouco mais: deslocamos quilômetros para servir em caridade àqueles penalizados na pobreza, nos cárceres, nos hospitais, nas creches ou nas sombras da obsessão, todavia, quase sempre, descuidamos daquele coração que está ao nosso lado nas tarefas junto à agremiação doutrinária, com o qual nem sempre nutrimos as melhores expressões de afinidade e simpatia.

Nos leitos da caridade

Estejamos assim mais atentos aos leitos de dor e penúria que se encontram, também, no âmbito de nossas próprias relações doutrinárias, acrescendo-lhes amor e amparo, proximidade e afeição.

Afeto no ato de ouvir é a caridade da atenção. Quantos se sentem menosprezados e submissos aos leitos da escassa autoestima, clamando por um minuto de prestígio?

Afeto na atitude de valorizar o esforço alheio é a caridade do incentivo. Quantos se encontram desanimados e estirados aos leitos do descomprometimento por faltarem-lhe apreço à sua colaboração?

Afeto na saudação é a caridade da cordialidade. Quantos são aqueles que diante de um gesto de bondade decidem levantar-se do leito da aversão?

Afeto na prontidão é a caridade da cooperação. Milhares de criaturas, sob a influência contagiante da atitude da disponibilidade alheia, libertam-se dos leitos da preguiça seguindo os exemplos.

Afeto na delegação é a caridade da confiança. Será que imaginamos quantos são os corações sensíveis e bem intencionados que se entregam aos leitos da desistência simplesmente por não serem convocados a realizar?

Afeto na disciplina, caridade da tolerância. A ausência de ternura na aplicação de regras levam muitos a tombar nos leitos da insatisfação e da inveja.

Afeto na palavra, caridade da brandura. A rigidez do verbo tem agredido a muitos que se prendem, propositadamente, na fraqueza.

Afeto na tolerância, caridade da indulgência. E quantos são os que padecem o esfriamento do ideal em razão de serem entregues aos leitos da recriminação, diante de suas intenções e projetos de ousadia nas mudanças?

Atenção, incentivo, cordialidade, cooperação, confiança, tolerância, brandura e indulgência são as "caridades de casa", pródigas fontes formadoras do espírito familiar que deve enlaçar os grupamentos erguidos em nome de Jesus e Kardec.

Caridade no grupo é obtenção de paz, alívio de culpas, restauração do afeto pela compensação em dar, exercícios de amor pela didática da solidariedade, revitalização energética, recomposição consciencial, desarticulação dos reflexos da educação infantil, desvinculação obsessiva, lenitivo, conforto e alívio para caminhar.

Estudemos mais sobre a caridade relacional e compreendamos melhor os benefícios da vivência do afeto em favor de nosso futuro espiritual, porque então descobriremos, pelo estudo e pela vivência, que amar é vigoroso preventivo que elimina grande parte de nossas dores provacionais na escola da convivência.

CAPÍTULO 20

Plenitude na gratidão

"Que importa crer na existência dos Espíritos, se essa
crença não faz que aquele que a tem se torne melhor
(...)?"

O livro dos médiuns - cap. 29 - item 350

Deus é amor e compaixão plena.

A vida é a expansão das benesses divinas que nos fazem
credores universais em busca de quitação dos saldos de
misericórdia por Ele espalhadas.

Em 1494 o matemático Frei Luca Pacioli estabeleceu os
princípios fundamentais da contabilidade humana, con-
signando que aquilo que se recebe é débito, enquanto a
quitação é crédito e desobrigação.

Semelhante princípio nos balanços da economia empresa-
rial reflete a Lei Universal do Amor.

Quanto mais se dá, mais se tem; quanto mais se exige,
mais se priva.

Dar é crédito, receber é débito.

Só temos aquilo que damos, e o amor tem esse milagre: quanto mais se dá, mais se tem.

De posse dessa perspectiva, listemos algumas de nossas contas, a fim de verificar se temos os saldos que costumamos esbanjar ante as exigências de todo dia:

Renascer no corpo físico, dívida com o recomeço e a esperança. Acolhimento dos pais, dívida com a gratidão e a prole.

Escola para instruir, dívida com o saber. Mestras desveladas, dívida com a generosidade.

Arrimo dos amigos, dívida com a cooperação e o estímulo. Benfeitores inesquecíveis, dívida com o amparo.

Profissão para exercer, dívida com a sociedade. Orientação espiritual, dívida com o Espiritismo. Natureza exuberante, dívida com o planeta.

Alimento nutriente, dívida com o agricultor. Tecnologia facilitadora, dívida com os inventores. Medicação refazente, dívida com os cientistas. Diversão e lazer, dívida com o tempo.

Cultura à disposição, dívida com o livro. Empregados dedicados, dívida com a obediência. Patrões solidários, dívida com o apoio.

A roupa que vestimos, o conforto dos lares, os recursos amoedados, a saúde e a prosperidade, conquanto sejam recursos amealhados no esforço diuturno do progresso pessoal, só se tornaram possíveis porque, antecedendo às vitórias de cada dia, foram alvo de uma previsão na erraticidade, com endosso de avalistas dispostos a tutelar nossos planos reencarnatórios, contemplando-nos com condições mínimas para obter o sucesso em várias situações da existência. Dessa forma, os recursos mínimos para empreender vitórias maiores constituem dívidas com os *ativos* da vida, ante à Contabilidade Divina.

Somente o egoísmo humano, travestido em usura e insensibilidade, pode levar o raciocínio a encharcar-se de materialismo na supervalorização da movimentação pessoal, a ponto de colocarmo-nos como centro exclusivo dos nossos êxitos, sem contabilizar a extensão de amparo da Divina Providência.

A vida é um processo de permutas contínuas e o que foge de respirar nessa lei padece as injunções da própria lei, decretando que até aquilo que parece termos pode nos ser tirado.[27]

Essa a razão pela qual apontamos a ingratidão como sendo um dos maiores corrosivos da sensibilidade e do amor.

---

[27] Mateus, 25:29.

Plenitude na gratidão

Ela apaga da memória os benefícios do ontem e antecipa obstáculos em relação ao amanhã.

Ser grato é ser melhor e crescer; é ter na lembrança os benfeitores de ontem, é aprender a fixar-se nas circunstâncias felizes da existência, é devolver à vida os créditos que nos beneficiaram, é aprender a superar queixas e desgostos com a reencarnação dilatando o espírito de desprendimento e aceitação, sem deixar de buscar o progresso.

Dar é ter. Reter é emissão magnética de atração dos reflexos do medo, da insegurança e da cobiça com os quais insculpimos nossa derrota, a longo prazo, projetando a nossa volta os efeitos infelizes que espelham tal estado íntimo.

Dessa forma, o materialista vê no outro o reflexo da competição e o categoriza como concorrente. O medroso vê no próximo o reflexo de seu temor e nomeia-o como inimigo. O inseguro expande sua emoção e vê-se no outro, classificando-o de dilapidador.

Estejamos atentos a essa lição de afeto de todo instante, a fim de aprendermos a sublime lição da gratidão, mantendo-nos em constante estado de satisfação e alegria com as experiências da vida.

Pessoas gratas atraem bênçãos, vibram saúde, são dotadas de otimismo, entendem a dor, alimentam-se de altruísmo, são fortes ante as lutas, adoram gente e sentem-se bem ao lado de todos.

Os gratos ocupam-se em doar-se sem se consumirem em ansiedades e aflições sobre como vão lucrar vantagens.

Corações agradecidos sentem-se gratificados, embora nem sempre se verifique o inverso.

Os gratos sabem perdoar com mais facilidade, desculpar instantaneamente e prosseguir sem fixações em fatos desagradáveis.

Agradeçamos com sentida oração a Jesus e a Kardec as felizes oportunidades de satisfação nos ambientes espíritas, mesmo com os aborrecimentos nos grupamentos, mesmo com as contrariedades que observamos.

O amor é a mais profunda e gratificante experiência da jornada evolutiva do Espírito.

Amando, credenciamos à vida os recursos para nossa felicidade.

Exigindo o amor, debitamos o tributo da paz em nossa conta pessoal.

Procure vivenciar o afeto enobrecedor entre irmãos de ideal, dê de si mesmo, seja o provedor afetivo de seu grupo.

Aprenda a amar, incondicionalmente, e perceberá como é mais gratificante que ser amado.

Plenitude na gratidão

O habitual é que todos esperem ser amados. Seja você aquele que realiza o gesto incomum e irradie os nobres sentimentos do Cristão, mesmo que deles careça. A vida, evidentemente, o responderá.

*****

Senhor, receba nossa gratidão pela extensão de Sua bondade.

Mesmo esquecidos de Seu amor nas variadas formas de auxílio com que nos abençoas, agradecemos agora com sentida oração a oportunidade da existência.

Gratos pelo lar e pela Terra que nos acolhe, gratos pela saúde e pelo corpo que nos ofertaste, gratos pelo luminoso caminho espírita, receba nossos sentimentos de louvor.

Sabendo, porém, do quanto somos distraídos e inconsequentes em esbanjar qualidades e recursos que ainda não nos pertencem, suplicamos o teu acréscimo de Misericórdia em favor de nossa fragilidade nos dias vindouros.

Ajuda-nos a honrar com atos o reconhecimento dessa hora, mantendo-nos na plenitude da gratidão, irradiando a constante alegria de viver e de ser diante dos labirintos das provações.

Obrigada Senhor!

CAPÍTULO 21

Melindre nos centros espíritas

"Os antagonismos, que não são mais do que efeito de
orgulho superexcitado, fornecendo armas aos detratores,
só poderão prejudicar a causa, que uns e outros
pretendem defender".

O livro dos médiuns - cap. 29 - item 348

Costuma-se asseverar que ele é a doença pertinaz de nossos meios espíritas.

Somente a criatura abnegada nos serviços do bem não padece suas imposições a ponto de se reprimir.

É o melindre – reação de apego doentio às nossas criações. No campo moral podemos concebê-lo com as seguintes características:

- Personalismo magoado.
- Indicador de nosso contágio pelo egocentrismo.
- Rebeldia do orgulho.

Surge com mais assiduidade nos relacionamentos de pouca profundidade afetiva, nos quais escasseiam os valores da sinceridade, do diálogo e do bem-querer.

Sua faina consiste em minar as energias através da mágoa crescente, expressada em complexos mecanismos de tristeza, decepção, desânimo e revolta. E depois de alcançar as fibras mais sensíveis do sentimento, promove um campo de guerra nos pensamentos que penetra as faixas da fantasia e da obsessão.

Analisado por um prisma psicopatológico, o estágio agudo do melindre, processado em cólera muda ou manifesta, corresponde a uma fuga momentânea da realidade para uma incursão alienante em quadro esquizofrênico de rápida duração, no qual a mente vaga pelos campos delirantes da perseguição.

Há pessoas propensas a se melindrarem graças à posição íntima de se colocarem como vítimas da vida. Assediadas por culpas de outras vidas, que mais não são que seus desvarios de autopiedade e pieguismo. Elaboram um sensível sistema psíquico que as predispõe a se sentirem perseguidas pela má sorte, pelos obsessores e pela indiferença dos outros em relação a elas. No fundo são vítimas de si mesmas. São casos de desajuste reencarnatório em bases de rebeldia e inconformação com sua atual existência, promovendo uma insatisfação persistente com tudo e com todos, em lamentável egocentrismo de opiniões e interesses onde quer que se movimentem.

A atitude de suscetibilidade é a responsável pela grande maioria dos conflitos, cismas, aborrecimentos e das desavenças no relacionamento dentro das nossas casas espíritas.

Nisso encontramos mais uma forte razão para o urgente investimento na melhora emocional das relações interpessoais dos integrantes de nossas agremiações de amor.

O melindre é a resposta irracional da emoção demonstrando plena ausência de inteligência intrapessoal.

As criaturas educadas emocionalmente têm sempre respostas adequadas ao teste do melindre. Reagir com equilíbrio, elaborar soluções criativas aos impasses e agir com espontâneo amor são respostas de quem é dotado de farta inteligência emotiva, obtida em batalhas nas vivências do Espírito que amadureceu para a vida. O melindre é a pobre resposta do sentimento agredido.

As casas espíritas compostas por relacionamentos de conteúdo moral elevado tais como a assertividade, a empatia, o conhecimento mútuo e a amizade, favorecem uma convivência saudável e harmoniosa que facilitam defesas contra o vírus contagiante do orgulho ofendido.

Por longo tempo ainda estagiaremos sob as sugestões do amor próprio ferido, já que ainda não guardamos a suficiente abnegação e humildade para superá-lo integralmente.

Melindre nos centros espíritas

Nada mais natural que recebermos seus reflexos. Contudo, se já temos em nós a luz do Evangelho e do Espiritismo para guiar nossos passos, compete-nos empreender árdua luta para não permanecermos por tempo demasiado sob sua influência perniciosa, a fim de não permitirmos os dolorosos trâmites da subjugação e da perda energética seguida de doenças variadas, sobretudo, no sistema circulatório.

Enredados em suas malhas, procuremos meditar e orar, estudemos suas origens em nós e afastemos tudo quanto possa dar-lhe guarida por mais tempo.

Empreendamos nossos melhores esforços pela casa espírita mais fraterna e de relações honestas, sinceras, onde encontremos o clima desejável de confiança e afeto para eliminarmos as dúvidas naturais de nossa convivência, que também se encontra em aperfeiçoamento e aprendizado, não permitindo as brechas das imaginações doentias que são campo arado para a ofensa e a desavença.

Lembremos, por fim, que o futuro trabalhador do movimento espírita é, quase sempre, originado das experiências cotidianas de nossas casas, onde muito experienciou nas vias da sensibilidade ferida. Diante desse fato, ficam para nós as seguintes indagações: qual terá sido o recurso de superação adotado pelo trabalhador nas questões melindrosas? Terá ele desenvolvido habilidades emocionais inteligentes para lidar harmoniosamente com tal imperfeição, ou apenas adquiriu o hábito de se insensibilizar e se tornar imune às agressões?

Precisamos dessas respostas, pois elas explicam e geram muitos fatos!!!

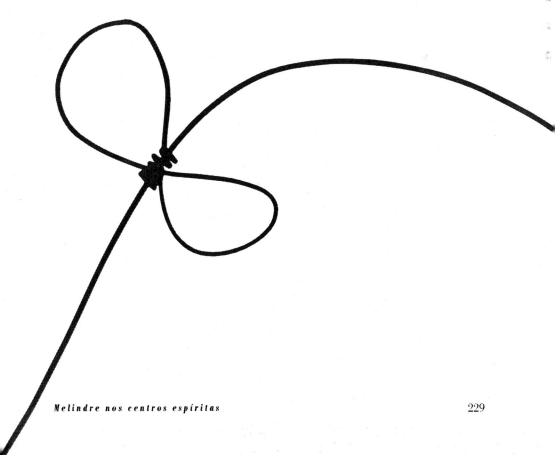

CAPÍTULO 22

Casas ou grupos?

"Nos agregados pouco numerosos, todos se conhecem melhor e há mais segurança quanto à eficácia dos elementos que para eles entram. O silêncio e o recolhimento são mais fáceis e tudo se passa como em família. As grandes assembleias excluem a intimidade, pela variedade dos elementos de que se compõem; exigem sedes especiais, recursos pecuniários e um aparelho administrativo desnecessário nos pequenos grupos".

O livro dos médiuns - capítulo 29 - item 335

Feliz e inspirada a fala de Kardec, educador excelente e magno codificador do Espiritismo.

Casas ou grupos? O que atende melhor aos anseios de crescimento e desenvolvimento das potencialidades para ser?

As casas pedem regulamentos, paredes e esforço físico. Os grupos são criados por relações, vivências e esforço moral.

As casas abrigam-nos das intempéries materiais, enquanto os grupos são recantos de estímulos contra as investidas dos obstáculos da alma.

As casas formalizam os movimentos para fora, enquanto os grupos consolidam elos essenciais voltados para os valores íntimos.

As casas têm chefes, os grupos têm líderes. As casas são estáticas; os grupos, dinâmicos.

As casas são dependências; os grupos, autonomia. As casas são o corpo; os grupos, sua alma.

As casas priorizam a instituição; os grupos trabalham por mentalidades e ideias.

As casas são submissas a normas; os grupos são expressões de criatividade e responsabilidade, harmonia e cooperação.

As casas pedem hierarquia; os grupos apelam para a participação promocional.

As casas podem servir de troféus à vaidade pessoal, enquanto os grupos são fontes inesgotáveis de serviço coletivo contra as artimanhas do personalismo.

As casas reúnem pessoas, os grupos unem as pessoas. Nas casas as pessoas encontram-se, nos grupos elas convivem.

Nas casas onde não encontramos grupos que se amam e se respeitam pode-se desenvolver os ambientes de frieza afetiva e menor valor à individualidade, conquanto possam prestar relevantes serviços à sociedade.

O centro espírita, enquanto casa, precisa reciclar seus paradigmas, contextualizar seus métodos, renovar sua forma de agir e decidir, agilizar suas atividades para atendimento dos inumeráveis e surpreendentes desafios que ora danificam as vidas humanas com dores intensas.

A renovação dessa mentalidade deve iniciar-se pela formação de equipes, de grupos. Relembremos a origem da palavra grupo que vem de "gruppo", do italiano, que significa "nó". No caso, um nó entre seus membros.

Entretanto, formar e manter os serviços de equipes é iniciativa que demanda preparo dos dirigentes.

Estamos num momento de ausência de horizontes, de respostas, de soluções. Notam-se os problemas, relacionam-se os obstáculos, estudam-se as causas de dificuldades, porém poucos conseguem trilhar os caminhos na operacionalização de melhora e driblar os impedimentos.

Precisamos ajudar os dirigentes a pensar, a encontrar essas respostas e soluções, ampliando seus horizontes, dando-lhes assessoria mental e afetiva pela promoção de intercâmbios salutares e bem planejados para empreendermos uma nova atividade na seara, visando o fortalecimento pela formação de uma rede de apoios, de oficinas e de ideias. O conhecimento que capacita o homem para transformações nasce da reflexão. Aprendamos a pensar

Casas ou grupos?

pelo estudo vencendo o dogmatismo e a preguiça mental. Aprendamos a reinventar as informações que adquirimos transformando-as em saber operante, dinamizador das mudanças necessárias em direção ao crescimento individual e grupal.

O que faz uma oficina? Reparos, consertos, trocas de peças, regulagens, revisões.

Nos dicionários humanos a palavra oficina significa: "Lugar onde se verificam grandes transformações". Esse é o sentido que melhor se ajusta a nossos conceitos.

Oficinas permanentes de ideias e intercâmbio tornam-se imprescindíveis nessa hora que passa, arregimentando laboratórios de troca e reinvenção do agir, fortalecendo as bases, estimulando os caminheiros, propondo metas, vencendo o marasmo em parcela considerável das Casas.

Como formar uma equipe? Como mantê-la? Como superar suas lutas? Quais as prioridades da casa espírita? Como trabalhar o afeto no centro? Como elaborar e executar um planejamento? Como fazer uma avaliação? Podemos mudar tudo no centro? Quais as macrotendências atuais para os centros espíritas? Como motivar grupos? Quais tarefas cada grupamento tem condição de realizar? Como reestruturar um trabalho para a aquisição da qualidade? Por onde começar tudo?

Assim como mencionamos, na Parte I desta obra[28], que o centro espírita tem importante papel social no desenvolvimento do afeto, não podemos deixar de frisar que muitos centros não passam de casas; em razão disso, precisam transformar-se em grupos para desempenhar semelhante missão.

Daí insistirmos com fervor pela criação de laços afetivos entre os membros das organizações espíritas, entendendo que nessa medida teremos a salvaguarda para os demais investimentos.

Mas então persiste a pergunta: Como trabalhar o afeto nas casas?

Oficinas permanentes de ideias! Meditem!

---

[28] Referência à Parte I "Pedagogia do Afeto na Educação do Espírito" no Capítulo 9, Centro Espírita e Afeto.

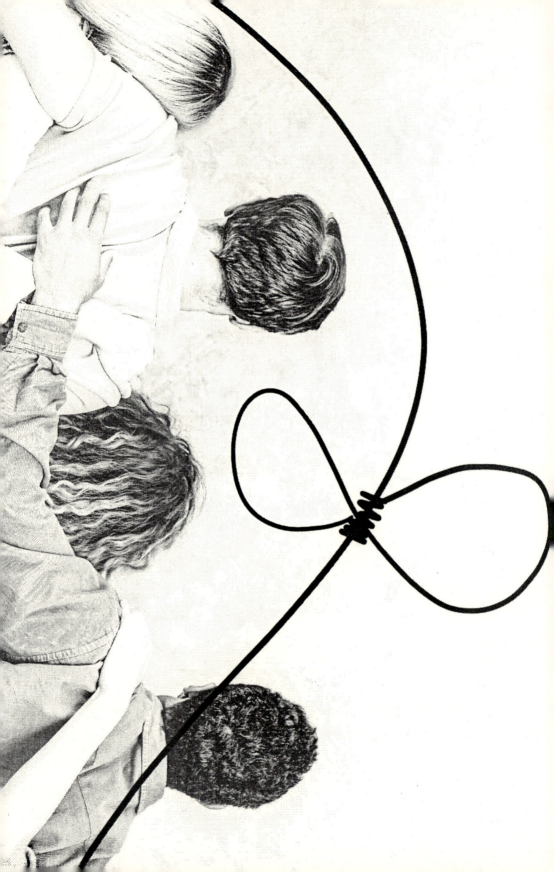

CAPÍTULO 23

Calabouço dos sentimentos

"Nos agregados pouco numerosos, todos se conhecem
melhor e há mais segurança quanto à eficácia dos
elementos que para eles entram. O silêncio e o
recolhimento são mais fáceis e tudo se passa como em
família".

O livro dos médiuns - cap. 29 - item 335

Contava-se na Idade Média, em determinada região europeia, que um suserano odiento tinha por vício separar homens apaixonados de suas mulheres amorosas, e deixá-los morrer em um calabouço, à mingua de água, pão e luz, para que pudesse amparar suas pobres viúvas solitárias e torná-las suas vassalas preferidas. Dizia-se que ele fez centenas de prisões, destruiu várias famílias e vivia refastelando-se na sexualidade e cortesias insaciáveis de suas companhias femininas.

Certo dia, no entanto, quando foi descoberta a trama, as mulheres revoltadas, informadas de que o suserano era o criminoso de seus esposos, em inteligente armadilha, trancafiaram também o senhor no calabouço. Entretanto, a partir daí passaram a viver de insatisfações e tristeza até a morte, porque sentiram-se presas de um passado infeliz que jamais lhes saía da memória, vivendo por entre o ódio, a insegurança e a saudade.

Embora dramática, é bem essa a história de quase todos nós em assuntos da vida sentimental: o narcisismo, a volúpia sexual, o egoísmo e o prazer gerando medo e frustração, culpa e mágoas, dilacerando corações e arruinando lares e sonhos.

Por completa insanidade da razão, em crises de paixão e libidinagem, várias vezes espezinhamos o amor alheio em impiedosas atitudes de desrespeito, separando homens honrados de mulheres fiéis, em tramas passionais, desleais e injustas, para depois, bem depois, caindo em si no despertamento consciencial, verificarmos os registros infelizes que instalamos no imo de nós mesmos, em lances de sede de domínio e satisfação pessoal.

O suserano íntimo, no papel do egoísmo destruidor, é o condutor inconsciente e mantenedor dos calabouços de sofrimento, com o qual ferimos centenas ou milhares de almas nos desdobramentos das vidas sucessivas.

Por isso, hoje, muitos de nós purgamos a solidão reeducativa nos temas do amor, ainda que ligados em uniões matrimoniais ou afetivas.

Temos um calabouço do sentimento como aquisição consciencial de nossas decisões desvirtuadas em forma de graves lesões afetivas.

Sedentos por novas experiências nas vivências da afeição, renascemos presos aos cárceres provacionais da emoção, sem liberdade, fazendo o papel do suserano enlouquecido, de novo, embora ele ainda esteja, de alguma forma, mesmo aprisionado nas provas da inibição afetiva, querendo espezinhar e ferir com extrema rebeldia aos novos quadros do hoje.

A sua principal manifestação nesses casos é a doentia inveja e o profundo sentimento de abandono, inutilidade e insatisfação por que passam os que se encontram em tal teste corretivo, debandando para a depressão, a suscetibilidade, as neuroses de vários matizes, adiando ainda mais a edificação da felicidade pessoal pela fuga da autoeducação.

Eis bem o retrato dessa expiação dolorosa: a prisão subterrânea do medo e da insegurança encarcerando os sentimentos de amor e esperança, penalizando a criatura com a sede de afeto não correspondido e com a tristeza de viver sempre à espera de alguém que não sabe se existe ou cochila em algum lugar, à sua espera também, assim como ocorreu aos homens trancafiados pelo suserano. Doutras vezes são as vivências da sexualidade embaladas pela luxúria, dissociada da satisfação que, geralmente, termina em revolta, golpes de revide e autodesvalorização.

Os sonhos amorosos, as fantasias da união afetiva, o desejo do lar feliz estão por trás das grades limitadoras da paixão que não se consegue expressar, tornando-se estranho amor emudecido. Nessa prova as criaturas permanecem acorrentadas à inibição, baixa autoestima, insatisfação com a vida, afiveladas a profundos e dolorosos sentimentos, tais como medo de amar, dúvidas e receios sobre suas emoções, descrença na felicidade, desmerecimento a seus ideais de amor e no sucesso afetivo. Pelos odores psíquicos que emanam, atraem assim outras criaturas perturbadas ou perturbadoras, em ambos os planos de vida, com as quais tecem elos de frustração e mágoas, dilatando sua solidão e consumindo-se energeticamente em obsessões cumulativas ou mesmo abrindo portas mentais para vinganças sangrentas de credores de outras épocas.

A origem de semelhante análise reeducativa, portanto, está no menosprezo e indiferença do passado recheados dos requintes de falsas promessas aos companheiros que confiaram em nossos votos de fidelidade e carinho e foram completamente desonrados.

Hoje, o afeto não correspondido e o receio de amar são amargas doses de medicação preventiva diante das feridas emocionais purificadas no centro de força cardíaco do corpo espiritual, junto às sensíveis engrenagens da vida afetiva – verdadeira cirurgia de extirpação nos domínios da vida sentimental em razão das matrizes pré-existenciais e reminiscências de outras reencarnações.

Presas em tal quadro, a criatura passa a viver por entre a desmotivação e a instabilidade nos deveres da rotina, carpindo uma revolta muda contra tudo e todos, estabelecendo constantes complicações nos relacionamentos e nas amizades e, chegando aos cumes da resistência, se não se armou da prevenção adequada, tomba nas neuroses fóbicas, nas alterações cíclicas de humor ou em psicoses graves.

Para a psiquiatria humana são esquizofrênicos irreversíveis, para a medicina do Espírito são doentes que precisam sair de si mesmos e aprender a dar sem ter e a amar, mesmo sem ser amados. Não alcançando, poderão iniciar um ciclo provacional de longa duração.

Alma constrangida a punições, será sempre muito suscetível de rancor com pequenas falhas alheias e com grande dificuldade ao perdão e ao autoperdão, necessitando de muito apoio e carinho para suportar o peso de seu próprio

Calabouço dos sentimentos

narcisismo e da dor que carregará até reeducar-se nos temas do amor e do sexo.

*****

Amigos nas privações cármicas da afetividade,

O cárcere provacional de hoje, quando iluminado pela luz do Espiritismo, faculta ao prisioneiro o pão da misericórdia e a água da restauração, com os quais as penas poderão ser amenizadas e ter novas dimensões.

Se hoje você se encontra nas lutas da solidão reeducativa, não fuja de sua oportunidade.

Ainda que entre dores e problemas, assume sua prova e liquide seu débito.

Aceite o amargo remédio da solidão e da abstinência no aprendizado da saturação emocional.

Não obtendo apoio familiar e social ante as imposições de suas penas reencarnatórias, procure no grupo doutrinário a integração com a família espiritual que lhe será arrimo e suporte para os instantes mais difíceis.

Aprende as lições do respeito e do dever nos assuntos do amor, porque também na casa das orações e estudos espirituais deparará inúmeras vezes com corações que lhe serão príncipes de encanto aos seus sonhos de afeto, podendo converter-se em "suseranos da ilusão", mas cuide-se para não decepcionar a outros e a você mesmo.

Confidencia a quem tenha condições de ampará-lo, isso trará alívio e será o embrião de uma relação valorosa no seu recomeço; estarás assim confiando em alguém, e confiar em alguém é refazer os caminhos da libertação de si próprio.

Não esqueça nunca da prece na qual buscará o acréscimo de forças que lhe falte.

Apoie-se nessa família pelos laços do coração e vai compensando seus afetos com o esforço de amar, independentemente de ser amado. Muitas vezes você terá tendência a exigir essa correspondência, contudo, vigia seu suserano que ainda teima em reinar e dilapidar. Tenha juízo e lucidez e analise o mal que essa postura lhe faz.

Caminhe, chore, desabafe e prossiga sem desistires nunca. Se hoje está difícil, amanhã, se decidires por enfrentar corajosamente, poderá ser menos penoso intimamente, mesmo que não tenha seus anseios atendidos como gostaria. Talvez nada fique como queira, entretanto, nem sempre terá de ser sofrido ou infeliz a sua experiência renovadora. Deus espera-nos para a alegria e para o amor e pode promover infinitas formas

Calabouço dos sentimentos

de conduzir-nos a isso pelas sendas de Sua Inesgotável Misericórdia.

Misericórdia que não é dada apenas por pura bondade paternal, mas sim porque a Justiça Divina conta com as conquistas de Seus filhos nos rumos do autoaperfeiçoamento.

*****

Condutores e integrantes dos grupamentos espíritas,

Estejamos todos atentos a semelhantes gêneros provacionais como os que acabamos de assinalar.

Mesmo com a dramaticidade das palavras por nós escolhidas, ansiamos, sobretudo, em alertar sobre a que tipo de assistência estamos sendo chamados, no que diz respeito à vida íntima de quantos têm batido às portas do centro espírita, compondo, muita vez, o quadro dos trabalhadores de nossos grupos.

Em várias ocasiões temos ao nosso lado companheiros em semelhante sofrimento purgatorial e carecemos de concepções mais intuitivas e de instrução mais lapidada para obter condições de orientação e apoio.

Jamais descuidemos do amparo especializado da medicina humana, quando se fizer necessário.

Os avanços da psicoterapia com foco transpessoal, tomando por base o espírito, é indicação para muitos deles.

Os serviços de promoção social e solidariedade são exercícios inevitáveis a esses "andarilhos emocionais" em busca de afeto e gratificação.

Providencie a desobsessão como medida extensiva de amparo aos vitimados na expiação além túmulo, jamais esquecendo que são eles os prisioneiros de outra época, trancafiados nas prisões da decepção pelo doente encarnado que hoje pede socorro nas reuniões, amando-os muito como vítimas e não verdugos inconsequentes.

Chame sempre a atenção do reeducando quanto à vivência das lições evangélicas, das virtudes, e leve a ele os esclarecimentos libertadores da Boa Nova.

Acima de tudo construa essa relação de confiança e respeitabilidade com seu assistido de agora, concedendo-lhe, como maior bênção nesse tipo de teste, a crença de que alguém o ama e o quer bem, a despeito de sua autodesvalorização.

Essa relação promissora é a revitalização da esperança e o estímulo para a continuidade que o prisioneiro dos cárceres afetivos necessita.

Calabouço dos sentimentos

Dá-lhe tudo que tens, assim como fez a viúva pobre do Evangelho,[29] depositando nesse coração que esmola carinho e piedade a honra das atitudes nobres, ensejando-lhe uma mensagem, pelo exemplo, de que se pode amar sem possuir e gostar sem dominar, convidando-o a comportamentos novos e íntegros moralmente.

Seja-lhes íntimo, mas ensine o limite. Seja-lhes afetuoso, mas ensine o amor fraternal.

Na condição de condutor de grupo ou integrante do mesmo, faça-se um irmão muito disposto a aceitar, compreender e incentivar.

É tudo que eles precisam para continuar sua prova redentora em busca da quitação consciencial e de um pouco de paz e crença em um futuro menos sombrio diante de suas perspectivas, quase sempre, comprometidas pelas garras da amargura e do descrédito.

Ama-os, ama-os sempre e ensina-lhes a amar como devem, e permita-lhes sentir novamente, depois de séculos de secura no coração, a importância de uma família espiritual e dos laços de confiança.

---

[29] Marcos, 12:44

CAPÍTULO 24

Amizade, elixir dos relacionamentos

"As grandes assembleias excluem a intimidade, pela variedade dos elementos de que se compõem [...] "

O livro dos médiuns - cap. 29 - item 335

A amizade encontra-se cada vez mais escassa, embora seja cada vez mais procurada.

Quase todos a querem receber, poucos a desejam dar. Muitos querem que alguém seja seu amigo, poucos oferecem-se como amigos.

A amizade é a alma dos relacionamentos, o elixir da convivência saudável e produtiva.

Em muitos lances da experiência relacional, ela tem sido o campo de esperanças no começo de muitos encontros, quase sempre, vindo a constituir-se, com o tempo, como a zona da convivência na qual despejamos limitações e necessidades, convertendo os melhores elos em extenso campo de conflitos a administrar.

Basta uma leve decepção e o encanto do primeiro instante desfaz-se, convertendo-se em antipatia ou mesmo aversão.

Por isso, a amizade pede cuidados para ter sua finalidade útil e edificante ao aprendizado espiritual.

Como manter-lhe então a longevidade? Como superar a rotina que costuma tomar conta das amizades? O que tem faltado para que os amigos consigam continuar atraídos na permuta?

Inicialmente vamos definir o que fazem duas criaturas afinadas entre si. A expressão que sintetiza essa relação é um elo de compartilhamento.

Compartilhar é participar, é ter parte em algo do outro, mas não tomar conta ou exigir esse algo do outro, é o que nos faz penetrar no âmbito da ética da liberdade.

Amigos compartilham coisas, valores, vibrações, momentos, prazer, trabalho, dever, diversão, o saber, a experiência, as tarefas espíritas, o aprendizado evangélico, as necessidades.

Variados relacionamentos nomeados como amizade têm compartilhado, via de regra, problemas e dificuldades, invalidando o motivo central que faz com que duas pessoas se busquem para tecer momentos de convívio, que seria o preenchimento, a satisfação, a compensação, a busca do crescimento pessoal.

A verdadeira amizade, para prolongar-se e vencer a rotina, tem de estar assegurada por um ideal que absorva os amigos ao tempo que enrijeça a relação.

Na casa espírita, por exemplo, onde inúmeras vezes as pessoas recorrem em busca de apoio e de quem as compreenda, carregando extensa dificuldade para expor suas dificuldades, o ponto de partida da amizade é a atitude de disponibilidade para o sagrado ato de ouvir. Em seguida vem a confiança – fio afetivo condutor das amizades – e então estabelece-se um vínculo de profundidade que, regado pelo ideal de servir e aprender, mantém muitos corações longamente unidos no tempo. Fraternidade e trabalho pelo próximo são os adubos da amizade espírita.

Mas, precisamos estudar com mais atenção e debater os porquês de nossas agremiações estarem tão pouco afeitas à formação de grupos de amigos, transformando em muitas ocasiões a casa de amor em locais "sacralizados" de encontro com Deus, evitando o encontro entre humanos, guardando uma aura mística e sacra nas posturas, fazendo-nos recordar os templos de outrora nos quais nos encontrávamos para orar e, findo o ritual, cada qual retornava a seu caminho sem se conhecerem, sem se encontrarem para o diálogo para a troca. Outras vezes esse encontro toma maus rumos porque os seus componentes

Amizade, elixir dos relacionamentos

não estão envolvidos pelo espírito evangélico, escasso ou mesmo ausente no ambiente onde se deram tais encontros.

Eis um tema oportuno aos nossos debates. Por que a amizade está escassa em boa parte das agremiações que cultuam o amor? Por que núcleos que trabalham com a moral da fraternidade deixam uma lacuna ante os elos de seus membros? O que as agremiações doutrinárias podem empreender em favor da extensão de relações mais agradáveis?

Essa ausência de ternura entre os membros de um mesmo núcleo, guardando distanciamento, é empobrecedor para nossas realizações. Quando os componentes se amam, se conhecem, quando se estabelecem relações de confiança e respeito, as atividades ganham viço, estímulo e produtividade.

Nesse sentido, os grandes grupos são menos favorecidos por perderem a intimidade.

Grupos menores facilitam esse conhecimento mútuo e uma aproximação afetiva entre seus membros.

Ressaltemos aqui que se a falta de proximidade pode constituir um obstáculo aos nossos trabalhos, o excesso dela também pode gerar outras tantas lutas. Intimidade nos relacionamentos é a zona delicada da convivência que apela para a virtude e o caráter, a fim de saber fazer dela o que se deve, e não o que se quer. Amigos que desejem a longevidade da relação cultivam limites, sem os quais a intimidade pode tornar-se um problema.

Amigos verdadeiros mantêm-se na área dos vínculos afetivos, longe da possessão afetiva. O vínculo é uma relação que une sem fusão, sem subtração da individualidade, sem direitos especiais sobre o outro. Daí o motivo pelo qual a amizade autêntica é semelhante a um belo jardim, a exigir cuidados e mais cuidados na manutenção das flores da virtude e na fertilidade da terra do caráter, tornando os verdadeiros amigos cultores da arte do amor, na sua acepção de respeito ao outro, sem os infortúnios causados pela possessividade perturbadora.

Pessoas existem que fazem dos amigos um objeto de desejo e preenchimento de carências, quando então a relação marcha para o fracasso. Esperam tudo do outro e nada fazem, enquanto ser amigo é doar-se e interessar-se pelo outro.

Por isso ocupamo-nos em definir a amizade espírita nos limites da fraternidade e do trabalho, nutridos pelo idealismo superior, porque os elos com excessiva intimidade já o temos na família, no ambiente profissional, na vizinhança e, quase sempre, debandam para a licenciosidade, a intromissão, a permissividade, o desrespeito, a perda da integridade moral e o mais lamentável: subtraem o caráter educativo que devem possuir os vínculos da autêntica amizade.

A amizade espírita é uma proposta voltada para a libertação e crescimento mútuo. Além de todos os ingredientes agradáveis do compartilhamento de amigos comuns, ela terá o objetivo de tornar-se um relacionamento de conscientização e desenvolvimento de valores.

Tecida pelo fio condutor da confiança, a amizade deverá manter- se nesse limite de segurança pelas vias da lealdade, do afeto, da lucidez e dos costumes para ter a garantia de longevidade e enobrecimento espiritual.

A primeira condição de longevidade dos relacionamentos é o dever da atitude responsável, inclusive nas amizades. É guardar a intimidade no patamar do equilíbrio ético. É compartilhar com vigilância, sempre atento à visão imortalista que deve inflamar os vínculos entre os que desfrutam da felicidade de saber que tal durabilidade pode perdurar até no além-túmulo, só dependendo de nós aplicar-lhe o elixir do amor.

CAPÍTULO 25

Elos entre dois mundos

"Imagine-se que cada indivíduo está cercado de certo
número de acólitos invisíveis, que se lhe identificam
com o caráter, com os gostos e com os pendores. Assim
sendo, todo aquele que entra numa reunião traz consigo
Espíritos que lhe são simpáticos. Conforme o número
e a natureza deles, podem esses acólitos exercer sobre a
assembleia e sobre as comunicações influência boa ou
má. Perfeita seria a reunião em que todos os assistentes,
possuídos de igual amor ao bem, consigo só trouxessem
bons Espíritos. Em falta da perfeição, a melhor será
aquela em que o bem suplante o mal. Muito lógica é esta
proposição, para que precisemos insistir".

O livro dos médiuns - cap. 29 - item 330

Naquela manhã o medianeiro despertou irritadiço,
colérico.

Enquanto preparava-se para as tarefas do dia, a tormenta mental lhe incendiava os pensamentos com o rancor e
a vingança. Pensava que, ao sair porta afora, se topasse
novamente com o vizinho ranzinza e incômodo, não toleraria um só gesto de atrevimento ou desdém.

Mas aconteceu que, ao sair, a primeira fisionomia que vislumbrou, em tom irônico, foi a do tal vizinho. Tomam o elevador juntos e inicia-se então uma guerra de dardos mentais. O medianeiro, espírita, perde a qualidade cristã e transborda palavras infelizes. Houve tumulto e o desentendimento chegou às atitudes desequilibradas.

O dia passa e o servidor da Boa Nova encaminha-se para sua atividade noturna nas fileiras mediúnicas.

No intervalo dos intercâmbios, o benfeitor amigo e atento solicita-lhe, mentalmente, que aguarde em prece. A tarefa chega quase a seu final e o médium, incomodado, nada percebe com suas faculdades, ficando uma sensação de bloqueio.

Surge-lhe novamente o amigo espiritual e lhe diz:

— Meu filho, sua tarefa nesta noite foi suspensa, pois, logo pela manhã, quando vinculamos ao seu psiquismo ao adversário espiritual de seu vizinho, a fim de abrandar-lhe as lutas que vive no lar, você expulsou o coração necessitado do atendimento em impensado descuido!!!

*****

Elos entre dois mundos. Intrigado com o tema, Allan Kardec recebe sublime e esclarecedora lição dos nobres guias, asseverando que a influência dos Espíritos sobre o mundo físico é maior do que pensamos.[30]

As Sociedades Espíritas são como um pronto socorro. A multidão sofrida pelos traumatismos de toda espécie, entre os dois mundos, recorre-lhe em busca de lenitivo, paz e esperança.

Como os grupos têm acolhido os desencarnados? Como dispensar afeto a quem não se vê na vida extrafísica, se não se dispõe a cativar os que estão contigo na vida da carne? Que acolhida terão os que vagueiam itinerantes em busca de rota e luz, se a recepção na casa espírita é feita entre farpas de discórdia e do entrechoque de ideias, em desentendimentos enfermiços entre seus próprios trabalhadores?

Imagine como será guardar a expectativa de visitar alguém distante, que não vemos há muito tempo e, chegando lá constatamos um clima de desarmonia e infelicidade. Assim se sentem os mortos que guardam a esperança na alma atribulada e têm a lamentável oportunidade de presenciar as adversidades que lhes oneram o psiquismo e anulam as esperanças de novos caminhos nas tarefas de socorro mediúnico.

---

[30] *O livro dos espíritos – questão 459.*

A casa espírita é local preparado de interação e sinergia entre os dois planos da vida. Consagremos as nossas melhores emoções a fim de obtermos uma porção de ternura e fraternidade que sirva de abrigo aos sofredores em tempos de reparação e dor na vida espiritual. A casa de Jesus e Kardec deve ser um oásis de refazimento ante o deserto das provações mundanas.

Estejamos certos, porém, que só conseguiremos isso quando, no dia a dia, ampliarmos nossas noções sobre os elos que criamos e estimamos na conduta moral e afetiva, norteando as palavras, pensamentos e ações.

Afabilidade e doçura são expressões elevadas de caráter e espiritualidade e, sobretudo, consistem em atributo de paz e refazimento a quantos anseiam e experimentam a nossa companhia, dentro ou fora das nossas casas espíritas.

Habituem-se a essas virtudes no lar, na profissão, nas vias e, onde estiverem, essa será a garantia dos melhores elos que podemos concretizar entre os dois mundos.

CAPÍTULO 26

Benefícios do conflito

"As reuniões espíritas oferecem grandíssimas vantagens,
por permitirem que os que nelas tomam partes e
esclareçam, mediante a permuta das ideias, pelas questões
e observações que se façam, das quais todos aproveitam.
Mas, para que produzam todos os frutos desejáveis,
requerem condições especiais, que vamos examinar,
porquanto erraria quem as comparasse às reuniões
ordinárias".

O livro dos médiuns - cap. 29 - item 324

Feliz e inspirada recordação do Codificador. Comparar as reuniões espíritas a qualquer ajuntamento seria perder seu caráter educativo e seus frutos desejáveis. Com muita propriedade ele se refere às condições especiais, concitando-nos a pensar sobre os cuidados na condução dos grupos.

Uma situação amiúde conturbadora das reuniões, sejam elas de que natureza for, são os conflitos entre seus componentes. O entrechoque de ideias gera os conflitos, depositários de alta dosagem de sentimentos nem sempre ajustados ao bem e ao crescimento grupal. Estabelecem-se rotineiramente como expressão oculta das diferenças, conquanto nem sempre sejam administrados com objetivos salutares na arregimentação da concórdia e do proveito possíveis a que tais atritos podem oferecer.

A análise de semelhante tema será significativa a fim de conduzir-nos a uma outra face das discórdias, geralmente desprezada, que deve caracterizar os círculos da convivência espírita. Consideremo-las como sintomas que denunciam as necessidades de ajustes entre seus membros, sendo que, quase sempre, surgem em razão da deficiência de comunicação que cria barreiras e bloqueia a criatividade.

A comunicabilidade de uma equipe determina sua fluência e produtividade. Quando citamos a comunicação entre grupos não nos referimos à forma como são expressas as mensagens, mas, acima de tudo, aos sentidos de apreensão da mensagem, aos sentidos pessoais e individuais a ela atribuídos. Raramente procura-se ouvir e motivar a participação verbal e operacional nos serviços de equipe, propiciando que se enraíze uma face oculta nos mesmos, desconhecida e subliminar, porém altamente determinante sobre o processo de consolidação ou desestruturação do todo. O estudo nesse sentido será de grande relevância para a eficácia dos resultados e a superação dos empecilhos nas realizações levadas a efeito por composições de pessoas, não importando para que fins se agrupem.

Capítulo 26

Condicionamentos milenares no egoísmo sedimentaram o conceito de oposição a tudo que se escape de identificar em harmonia com nossa ótica pessoal de vida. Quantos guardem entendimento diversificado são tomados como oponentes ou adversários nas relações interpessoais. Dificilmente nutrimos a mesma admiração pelos que contrariem nossos pontos de análise ou pelos que demonstrem insatisfação com nossas ideias, com nossos sentidos empregados ao entendimento dos fatos e dos conhecimentos.

As vivências sociais na religião e na política durante longo tempo estimularam ainda mais o caráter de indisposição declarada para quem não "reze pela nossa cartilha". Nasce então o sectarismo como forma violenta de resolver as discórdias, excluindo os discordantes.

Conciliado com essa conotação de ser contra associou-se o sentimento de gostar menos, e os conflitos passaram a ser interpretados como uma arena na qual têm de haver vitoriosos e derrotados. Esse enfoque nos faz perder o que de mais precioso pode existir nos lances conflituosos: o aprendizado e a dilatação da criatividade na busca de soluções.

Por essa razão será imperativo que os dirigentes e as próprias equipes doutrinárias orientem-se sempre ao treino e ao desenvolvimento da inteligência emocional, em favor das condições especiais de uma vida relacional sadia e enobrecedora, procurando focar os embates como sinais e notas. Sinais que indicam rumos a serem seguidos e notas que avaliam nossas reações diante das provas.

Será de bom tom o cultivo das habilidades que envolvam a negociação e a busca de soluções, da empatia, da liderança participativa. Quando agimos com disciplina emocional, recorrendo à assertividade, isto é, ao domínio sobre o cosmo emocional, os atritos são educativos e podem levar a profundas reciclagens. Isso porque, quase sempre, os embates da vida em grupo só ocorrem em razão dos processos conflitantes que carregamos conosco mesmos, optando por sentidos nem sempre harmonizados ao bom senso e consenso grupais, vindo a extravasar-se, circunstancialmente, como objetivos personalistas.

Ante semelhantes fatos, a atitude de neutralidade emocional e meditação serão indício de maturidade afetiva e reeducação dos sentimentos nas convivências tormentosas.

Os homens estiveram em desatinado conflito com Jesus, com suas ideias, com suas movimentações, embora Ele, pacífico e sereno, conduzia os provocantes a mergulharem em si mesmos e a descobrirem suas insatisfações, frustrações e raízes de suas emoções perturbadoras, com as quais intentavam afetar o equilíbrio do Mestre.

Nos grupos doutrinários muitos asseveram a necessidade de unanimidade, determinando que amoráveis seriam as equipes sem problemas e que jamais tivessem de conflitar. Entretanto, dificilmente essa será a tônica de grupamentos sérios e autênticos. Paulo, o missionário de Tarso, fala-nos do "bom combate", aquele que vale a pena ser deflagrado para a introspecção, a autoavaliação, o bom conflito.

Grupos sem conflitos não crescem tanto quanto poderiam e, porque não exista o desentendimento e os desacertos manifestados, nenhuma garantia há de que, intimamente, os componentes não estejam em desavenças. Eis a importância da sinceridade fraterna, com pleno respeito pelas opiniões alheias, adotando autêntica postura de alteridade ante os diferentes e as diferenças, buscando entender as razões subjetivas de cada componente para seu proceder, conhecendo com mais profundidade os seus dramas pessoais, sem o que ele será apenas mais um no aglomerado de pessoas. Essa é a tarefa que distingue um grupo que cria elos de afeto de uma reunião de criaturas que se ajuntam sem tecer a rede da fraternidade legítima.

Convenhamos que as tribulações surgem em razão das estruturas íntimas que carreamos para a vida de relações, chamando-nos algumas vezes a muita paciência e tolerância com o outro. Em verdade, a luta é toda nossa, pois ainda não conseguimos decretar a alforria desejada sobre muitas imperfeições, guardando expressivos limites na forma de interpretar as mensagens que compõem o nosso campo de ação doutrinário.

Assumamos em quaisquer circunstâncias de luta a diretriz do perdão, evitando magoar-se com as ações alheias em razão do incômodo que nos causem. Melhor perdoar a ter de chorar o arrependimento.

Diante das tribulações do conflito que não pudemos evitar, recolhamo-nos em atitude elevada, longe dos reflexos costumeiros das emoções conturbadas, e preparemo-nos para extrair suas lições.

Apoiemo-nos na oração quando nos situarmos na zona dos conflitos, não perdendo os frutos do teste de abnegação e harmonia. Vamos diminuir a angústia proveniente de semelhantes ocasiões fazendo um autoexame leal com a consciência, procedendo a uma decisão incomum e educativa que venha somar nos destinos das tarefas às quais somos colaboradores, adotando a postura de humildade e desculpa, distante do orgulho dos pontos de vista pessoais, desejando que a brisa da concórdia possa roçar os nossos corações no entendimento e fraternidade.

Façamos assim e saberemos extrair o grande benefício do conflito que é a sua capacidade de abalar nossas certezas.

Só os invigilantes e autossuficientes têm a certeza de tudo e não querem renunciar suas verdades pessoais em busca de novos horizontes.

Habituando-nos paulatinamente a essa necessidade, aprenderemos a arte sublime de debater com a vida e com todos, sem o exaurir desnecessário de forças interiores nos choques da convivência, convertendo cada ocasião de conflito em convite à promoção pessoal, ainda que o outro não deseje o mesmo.

*****

Amigos queridos da direção de grupos,

Vamos empregar esforços pela renovação de conceitos em nossos conjuntos cooperadores.

Discordar com acerto é uma habilidade a ser cultivada na escola do centro espírita que nos será valoroso preventivo contra o dogmatismo e a perigosa monopolização cultural.

Temos observado que o melindre, essa doença de nossas mentes, tem sido álibi para que se evite dizer o que se pensa, excedendo-se em cuidados e protelação, suprimindo a sinceridade edificante que deveria constituir-se em uma das condições especiais prioritárias citadas pelo codificador em nosso trecho de análise.

Evidentemente, cuidar para verbalizar as críticas ou discordâncias é vigilância operante, contudo, evitar a verdade a pretexto de prudência, é omissão conivente.

Nossos grupamentos precisam aprender a lidar com os momentos de aspereza ou alteração emocional com equilíbrio e resistência, para que não se tornem "flores de estufa" que ao primeiro golpe murcham em suas metas e desistem de seus ideais, acalentando profundas e doloridas mágoas.

Grupos que se amam verdadeiramente sabem dizer o que pensam, conflitam sem perder o amor uns pelos outros, conquanto isso custe ter de conviver com um lado que gostariam de já ter superado no campo das emoções.

Estejamos atentos com a santidade de superfície que tem dominado alguns conjuntos espíritas, que se desestruturam em fases de aferição. Decididamente, e sem receios, saibamos sondar a face oculta dos grupamentos doutrinários e oferecer condições aos demais para essa iniciativa, a fim de que ela não se transforme em sombra agradável para exploração obsessiva.

Os benefícios do conflito superado são muito extensos e fortalecedores, mas só serão possíveis se cuidarmos *dessas condições especiais em fazer reinar entre os integrantes os valores do afeto, do estudo, da conversa franca, do tempo para conviver, da amizade respeitosa sem os excessos da intimidade, do trabalho operoso e do estudo libertador, primando pelo cultivo de laços genuinamente cristãos.*

Sejam os dirigentes de equipes os primeiros a saberem externar com lucidez e ponderação os seus reclames, seus alertas, suas insatisfações, orientando aos demais como falar das emoções sem ter que extravasá-las em ações que geram mal-estar. Eis a habilidade da parcimônia, da conciliação, da contestação terna, que leva o grupamento a penetrar o sombrio mundo das insatisfações pessoais, escudados pela afabilidade e doçura reinantes, criando assim o bom conflito, doloroso, incômodo, porém, benéfico e promotor.

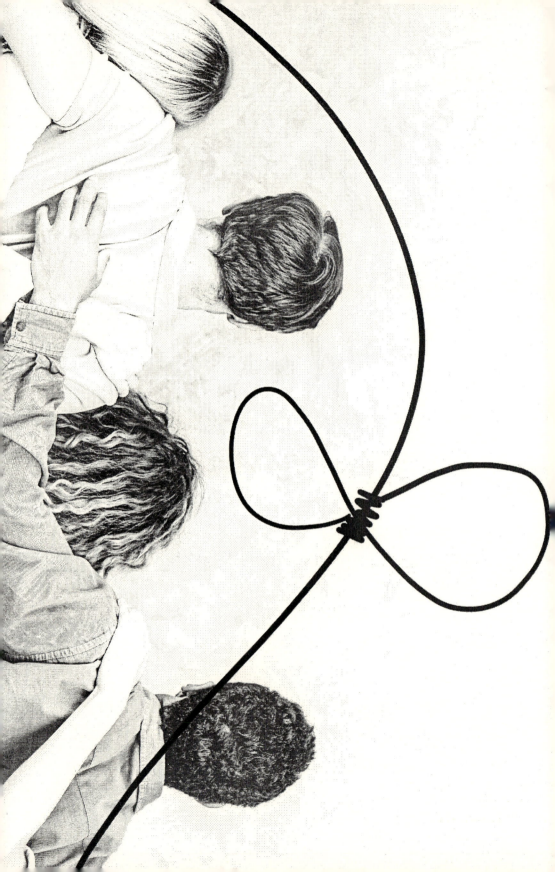

CAPÍTULO 27

Homogeneidade no grupo

"Uma reunião é um ser coletivo, cujas qualidades e propriedades são a resultante das de seus membros e formam como que um feixe. Ora, este feixe tanto mais força terá, quanto mais homogêneo for. [...]

[...] Toda reunião espírita deve, pois, tender para a maior homogeneidade possível. Está entendido que falamos das em que se deseja chegar a resultados sérios e verdadeiramente úteis. Se o que se quer é apenas obter comunicações, sejam estas quais forem, sem nenhuma atenção à qualidade dos que as deem, evidentemente desnecessárias se tornam todas essas precauções; mas, então, ninguém tem que se queixar da qualidade do produto".

O livro dos médiuns - cap. 29 - item 331

Um dos requisitos mais valorosos na formação e desenvolvimento de grupos é a homogeneidade.

A palavra grupo em suas raízes etimológicas significa um nó. O nó recorda os pontos de sustentação e fortalecimento de uma rede e esse simbolismo nos remete aos grupos espíritas, que deverão ser como redes tecidas pelo sentimento que agrega e baliza todas as suas rotas educacionais no aprendizado espiritual.

Quando se menciona a terminologia *homogêneo* para grupos, logo vem à mente a ideia de igualdade e padronização. Contudo, seu significado é um tanto mais elástico e profundo, porque jamais obteremos características uniformes, uma vez que cada pessoa é um mundo em si.

Preconizar a qualidade de homogêneo condicionado a imposições é desrespeitar o fluxo dos valores latentes e adormecidos na intimidade de cada ser.

Grupos homogêneos são os que guardam uma certa atração para um ideal comum, um objetivo claro, e que têm uma visão compartilhada de seu futuro, de onde querem chegar, para onde se dirigem. Em torno desse ideal compartilhado, nascido de dentro para fora e constituindo as aspirações de todos, tem-se a chave da homogeneidade.

Esse comprometimento com uma meta, um programa, uma mentalidade, estabelece laços no coração, conquanto a divergência de visões intelectivas e as diferenças temperamentais.

Aliás, os grupos só se tornarão harmoniosos na proporção em que prezem, no clima da mais pura fraternidade, as diferenças e as divergências, tomando-as sempre como pontos de aperfeiçoamento e sinais de aferição quanto às direções a se tomar, aprimorando relações e superando problemas.

Para que valores e necessidades pertinentes a cada criatura possam constituir nó de intercessão e interação entre seus membros, há de se ter o coração ajustado na faixa dos sentimentos evangélicos, únicos capazes de resguardar o clima da necessária segurança e do preciso entendimento, a fim de vencer os embates naturais que tentarão desatar os elos da rede.

Outro sentido não menos valoroso para a homogeneidade é o do resultado da habilidade em transpor os desajustes, provenientes das diferenças na vida interpessoal, propiciando uma convivência harmônica.

Homogeneidade afetiva com diversidade de ideias, sem que isso constitua empecilho e fonte de perturbação: eis o caminho natural dos grupamentos que desejam crescer sob a luminosidade espiritual da alteridade.

A força mediadora entre o cérebro repleto de pensamentos e o coração vibrante de amor é a educação. Os grupos espíritas homogêneos são escolas de convivência. Não existem sem problemas, aversões, simpatias, antipatias, dúvidas, desavenças e frustrações, mas como estão irmanados com as luzes das diretrizes do Cristo, são regulados por uma consciência de dever e responsabilidade

Homogeneidade no grupo

que, espontaneamente, lhes aciona o campo afetivo para a vitória e a conquista de si mesmos pelas vias da assertividade, do perdão, da disposição sincera de amar e do desejo de aprender, educando as emoções a rumos superiores.

Dentro dessa perspectiva, as relações interpessoais, dada a solidez dos recursos morais, formam um feixe de corações unidos no idealismo superior, banhados pelos júbilos da convivência fraternal e enriquecedora.

Resultados de maior profundeza de objetivos só poderão ser alcançados em grupos sérios. Essa homogeneidade é uma marca de tal conquista.

Corações que se respeitam, que cativam a amizade, que vibram com o sucesso uns dos outros, que se querem bem, apesar das diferenças, são o esteio de sociedades fraternais que vão refletir em sua atmosfera espiritual os tesouros de afeto cultivados entre seus tarefeiros, em plena afinidade de busca para Deus.

CAPÍTULO 28

Autoamor

"Se o Espiritismo, conforme foi anunciado, tem que determinar a transformação da Humanidade, claro é que esse efeito ele só poderá produzir melhorando as massas, o que se verificará gradualmente, pouco a pouco, em consequência do aperfeiçoamento dos indivíduos".

O livro dos médiuns - cap. 29 - item 350

Ser - verbo que traduz o anseio evolutivo de existir em plenitude, feliz, dirigindo-se para Deus.

Escolhas malsucedidas, no entanto, nos afastaram desse finalismo Divino, aprisionando-nos nos pântanos asfixiantes da prova, da dor e do hábito infeliz.

O voluntário esquecimento de nossos deveres no peregrinar das reencarnações trouxe-nos de volta, na atual vivência carnal, o fruto amargo das semeaduras infelizes que plantamos sob a volúpia das ilusões.

Hoje, graças a esse descuido milenar, existe um abismo de sombras entre o eu Divino e a nossa realidade existencial, onde se acomodam os monstros do orgulho e do egoísmo.

Apesar da condição infeliz, a inesgotável Providência Divina estende-nos uma imensidão de recursos de amparo em favor de nosso reerguimento, perante a própria consciência. O encontro com as diretrizes espíritas é um exemplo disso. Agora, iluminados pelos princípios estruturais do Espiritismo, somos novas criaturas em busca do Pai que abandonamos.

Sentir Deus! Eis o fundamento da transformação interior.

Renovar a forma de sentir é a senda libertadora em favor da autorrecuperação espiritual.

Embora as luzes que nos clareiam os raciocínios, ainda sentimos o peso opressivo dos resultados da insanidade moral nas insensíveis sentenças que lavramos contra nós no girar do tempo. Os propósitos superiores de agora parecem ser esmagados ante a força cruel do passado degradante e voraz que reside nos porões da mente.

Desejos fugazes do bem consomem-se sob a mira certeira de sentimentos que não gostaríamos de sentir.

Desejamos amar a família, mas, muita vez, sentimo-nos atados a estranhas fantasias que nos inclinam para a ilusão dos sentidos fora do lar.

Desejamos compromisso e louvor ao serviço doutrinário, todavia, em várias ocasiões, sentimo-nos vazios de idealismo, tombando nas armadilhas do desânimo e da deserção ou enredados na rotina de realizar por obrigação, sem gratificações de profundidade.

Desejamos a conduta moral elegante, contudo, muitas vezes, vozes interiores profetizam culpas e limitações, levando-nos a acreditar em muralhas de imperfeições que jamais conseguiremos transpor.

Desejos louváveis não se harmonizam com os velhos sentimentos de cada dia. Expiação maior não pode existir, para o aprendiz sincero do Evangelho, qual a de ter os frágeis propósitos agredidos pelos queixas que a própria consciência inflige em razão de nosso ontem.

Nem sempre conseguimos viver e manter o bem que desejamos, menos ainda senti-lo. Porém, tenhamos vigilância e fé. Essa é a trajetória natural de regresso ao encontro do ser.

Existir para Deus, em nosso caso, implica vencer todas essas expiações do sentir, palmilhando as veredas reeducativas da atitude em favor do renascimento do ser glorioso, ainda preso sob o domínio de nossas mazelas.

Jamais desistamos desse compromisso, pois que, inexoravelmente, esse reencontro se dará em algum momento, já que é um fatalismo das Leis Naturais e Universais.

A melhor opção nessa retomada espiritual é o amor na busca das expressões celestes adormecidas em nós. Referimos ao amor a si mesmo, contemplado por Jesus na essência de sua plataforma para a felicidade.

Nós, os espíritas, temos feito progressos consideráveis no que diz respeito ao amor ao próximo, erguendo trincheiras do bem e da caridade.

Temos produzido e realizado fartas semeaduras de bênçãos junto aos grupos de amor. Raras vezes, entretanto, temos sabido amar a nós próprios.

E existirá amor maior a si que esse de saber lidar com essas sombras interiores que tentam ofuscar nossos anseios de Luz?

Aprendamos esse amor e sejamos mais felizes.

Amar nossa sombra, conquistando-a paulatinamente. Tolerar nosso passado, sem as impiedosas recriminações.

Amar-nos, apesar do nosso passado de escolhas infelizes e decisões precipitadas é fundamental para estabelecermos um recomeço de vida espiritual rumo à liberdade.

Aprender o autoamor é arar a terra mental para *ser*. Quando o alcançarmos, recuperaremos a serenidade, o estado de gratificação com a vida, a compreensão de nós mesmos, porque o sentimento será então um espelho translúcido das potencialidades excelsas depositadas em cada um de nós pela inteligência suprema do universo.

Formou-se entre nós uma lamentável cultura de sofrimento fundamentada na Lei de Causa e Efeito, propagando a dor como situação insubstituível ao progresso. Acentua-se tal teoria com a supervalorização de fantasias sobre um passado de outras vidas no qual são destacados crimes e desvarios. As consequências de tal enfoque podem ser sentidas no quadro de baixa autoestima e desacordo consigo mesmo, em que se encontra grande parte do aprendiz espírita.

Alimentando crenças de desmerecimento e menosprezo mais não fazemos que nos desamar e impedir o crescimento pessoal e grupal.

O pior efeito de semelhante quadro psicológico é acreditar que não merecemos ser felizes, automatizando um sistema mental de cobranças intermináveis e uma autoflagelação, ambas, em várias ocasiões, sustentadas e induzidas por adversários espirituais astutos e vampiros da morbidez das sensações, gerando situações neuróticas de perfeccionismo e puritanismo quase incontroláveis.

Essa falta de amor a si mesmo é um subproduto do religiosismo natural que edificamos no psiquismo, em séculos de superficialidade moral, cuja imagem condicionada na vida mental foi a de um ser pecador e miserável, indigno daquele paraíso onde esperávamos nos refestelar com as vantagens dos céus. Ainda sob a forma de potente condicionamento, transpomos para os ambientes espiritistas tais reminiscências do eu pecador.

Allan Kardec assinala que o aperfeiçoamento individual é o fermento das transformações sociais, e isso exige cuidados pessoais dos quais, alguns deles, só daremos ao outro na medida em que os aplicarmos a nós, sem que isso, em momento algum, signifique vaidade e preocupação personalista.

*****

Querido irmão,

Tenha piedade e complacência com você mesmo.

Encontra-se em tormentosas lutas, a ponto de desistir? Persevere e lute. Busque na prece a força o que lhe falta para continuar.

Caridade com você é o desafio do autoamor.

Se você sente no fundo da alma uma amargura incomensurável diante das faltas e deslizes a que descuidadamente se permitiu. Se um sentimento avassalante de indignidade toma-lhe a alma quando faz o que não deveria ou deixa de fazer o quanto devia.

Apesar de todas lutas, cuide para que essas sombras não cubram o brilho de Deus em você, e confie na bondade do Pai que lhe confiará o necessário para a caminhada.

Vigie seu mundo emotivo. Ninguém é indigno de Deus, em situação alguma, ainda mais agora que já se encontra com rumo e norte para recomeçar.

Perdoe-se quantas vezes forem precisas e retome seu programa de luz.

Sentir-se indigno da Bondade Paternal é sintoma de melhora e sinceridade de sua parte. Pior seria se errasse novamente e acolhesse com inconsciência a sua escorregadela infeliz.

Ainda lhe ocorrerá inúmeras vezes esse incômodo que, por fim, é o anjo vigilante de sua consciência advertindo-lhe com esse mal-estar para que não caia outra vez na mesma cova da invigilância.

Aceite-se tal qual você é e prossiga!

Não guarde em você o sentimento de hipocrisia, induzido pela hipnose do orgulho, que tentará de todas as formas fazer-lhe desacreditar das escolhas ainda vacilantes e pouco sólidas na sua nova caminhada. Hipocrisia existe quando o desejo e a atitude são precedidos pela intenção deliberada, em contraposição ao que já conhece.

Logo mais, respeitando as investidas de suas sombras, a quem deve também amar, perceberá a transformação e se animará pelo esforço e sacrifício empenhados.

Desistir, nunca!

A autorrecuperação é um leito de convalescença na enfermaria da vida, exigindo seus cuidados sem interrupção.

Em um dia, o curativo da oração. Em outro, a injeção do ânimo. Em outro mais, a medicação amarga do enfrentamento de suas doenças. Ainda à frente, a imperiosa necessidade de um médico na pessoa do amigo para orientá-lo.

Você terá recaídas, febres de ilusão, dores do desapego, cansaço de ansiar pela melhora, incômodos na cama das provações diárias, dificuldades para com necessidades básicas, o sono indisciplinado trazendo fadiga, o alimento que não desejaria causando-lhe a fome de esperanças, o banho limitado impedindo-o a sensação de leveza e bem-estar.

Apesar disso o tratamento está se concretizando, ainda que não perceba.

Por isso tenha paciência com você e não pare de se amar.

O amor a si mesmo é uma lição profunda e difícil, porém, não impossível.

Comece já o seu ministério de autoamor e constatará que esse aprendizado é a condição essencial na existência para o tão decantado amor ao próximo.

Convivendo bem consigo, será bom companheiro e amigo de seus grupos espirituais, fazendo-se mais útil nas mãos da vida, para o cumprimento da Lei da felicidade na melhoria social, em torno dos seus passos e dos alheios.

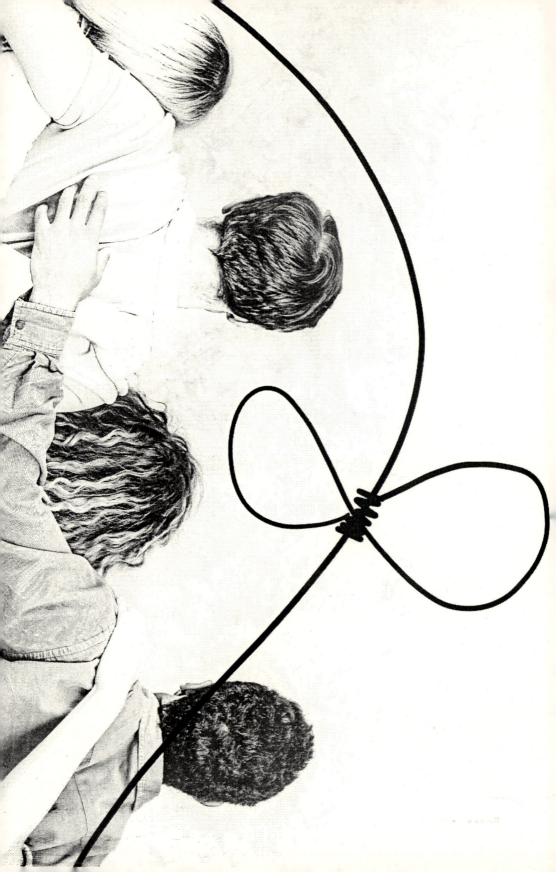

CAPÍTULO 29

Humanização e segurança

"Nos agregados pouco numerosos, todos se conhecem melhor e há mais segurança quanto à eficácia dos elementos que para eles entram".

O livro dos médiuns - cap. 29 - item 335

Remanescente de eras primárias do desenvolvimento humano, trazemos ainda hoje como reflexo marcante e dinâmico o vício da posse, como sendo complexo mecanismo desenvolvido pela alma na busca de segurança.

Preso a milenares impulsos da vida corporal, na medida em que adquire a razão, passa o homem a ter o instinto de posse não mais como motivação para buscar o atendimento de necessidades básicas, mas como garantia de bem-estar frente aos desafios ameaçadores da vida e da estabilidade em sua jornada.

Acumular passa a significar proteção e defesa, e por longas e repetidas vezes o estágio nessa atitude conduziu a mente a fixar os valores da soberba, da tirania, da ilegalidade e da ganância na direção dos excessos.

Humanização e segurança

Hoje, quando nos referimos à segurança e à preservação, necessariamente associamos esses sentimentos a medidas exteriores tais como riqueza, dotes sociais, beleza e conforto, que são ícones para questões interiores no campo do existir humano.

Tais manifestações que provocam a breve sensação de segurança e paz interior são fortes ilusões, que escravizam a mente a padrões de comportamento e afastam da alma a expressão do autêntico amor, isento das cargas emocionais primárias e empobrecidas do nosso afeto.

Essa vivência da evolução permite-nos tecer considerações oportunas a nossa convivência, uma vez que segurança é o que mais almejamos junto àqueles com os quais partilhamos nossas vidas. Na ausência desse sentimento instala-se, ocasionalmente, o reflexo da injustiça, e o sentimento de injustiça é o desajuste do afeto que leva o coração a disparar a rebeldia, a mágoa e o ódio como hábitos longamente cultivados desde tempos imemoriais.

Acolhendo esse "sentir-se injustiçado" que se efetiva para cada individualidade, conforme seu temperamento e caráter, estabelece-se a desarmonia da razão que pode levar à adoção de ações reflexas desde a ira até o crime "não intencional".

Em verdade, estamos estudando a intensa capacidade de destruição que tem o egoísmo, o qual nos é próprio no atendimento ao instinto de conservação natural. Instinto esse acrescido pelos excessos adquiridos em milênios de orgulho e vaidade, saciedade e ambição.

Não foi sem motivo a conhecida lição de Jesus, prevendo acontecimentos para os dias atuais, quando disse: "E, por se multiplicar a iniquidade, o amor de muitos esfriará".[31]

Injustiça sentida, afeto enfraquecido.

Muitas vezes, essa busca de segurança tem conotações sutis nas ações que precisam ser compreendidas, a fim de melhor nos posicionarmos uns frente aos outros. A necessidade de domínio e controle é outra forma costumeira de apresentar-se, seja no lar ou na profissão, na amizade e, igualmente, nas movimentações doutrinárias.

Ocorre que, quase sempre, onde tais sentimentos de posse comparecem, morrem a fraternidade e as relações ricas de permuta afetiva.

Controle e domínio, quando surgem em nossos trabalhos, vêm disfarçados em normas e planos coletivos, hierarquia e interesses de grupos, sob a chancela de missões necessárias ou diretrizes do Mais Alto ao bom andamento do

---

[31] Mateus, 24:12.

destino do Espiritismo ou no alcance de objetivos grupais e institucionais.

O resultado inevitável, nessas condições sociais, é a poda de valores substancialmente essenciais ao resgate do espírito da simplicidade, da despretensão e do respeito com o qual deveríamos tratar os assuntos da doutrina e, igualmente, a indiferença, o descrédito e o desamor com os quais tratamos uns aos outros nos assuntos da vida interpessoal. Tudo para sentir a segurança do controle das rédeas que, por sua vez, oferece a sensação de posse e realização pessoal.

Marca comum a grande maioria dos que se aferram a esse capítulo do egoísmo é o afastamento escolhido das necessidades humanas, no campo do amparo e da solidariedade, introduzindo o coração na frieza afetiva, em crises de racionalização.

Por isso, se verdadeiramente queremos segurança e estabilidade, busquemo-la na vivência do afeto, e afeto não se desenvolve sem convivência e proximidade, sem permuta e disposição de aprender, sem servir e trabalhar. Eis porque as atividades assistenciais de nossa seara, entre inúmeras vantagens, propicia ao homem solitário e inseguro vigorosos estímulos não encontrados em quase nenhuma experiência social.

Insistimos na vivência do afeto nos grupamentos da nova revelação, porque essa relação assegura a essência do Espiritismo em nós, que é o amor.

Lutemos juntos pela humanização de nossos trabalhos, para não nos perdermos em movimentações exteriores e improdutivas.

Amar a Casa mais que a Causa é delírio de nossa afetividade que acumula tesouros na terra onde as traças e a ferrugem tudo consomem [...].[32]

O afeto é o tempero das tarefas imunizando-nos contra excessiva valorização dos métodos, das formas e das condições de realizá-las, centrando nossas aspirações no ser humano que dela participa sem fascínio com a teoria, com os conflitos, com os problemas comuns a essas iniciativas. Quando nosso foco é o próximo e a necessidade de servir e aprender, nossos sentimentos serão excelente garantia de boa aplicação e aproveitamento nas atividades que cooperamos.

Evidentemente, com isso, não queremos incentivar a desorganização e os descuidos necessários ao bom andamento de nossos projetos de amor.

A clareza de Jesus em destacar que seus discípulos seriam conhecidos por muito se amarem[33], não deixa margens a dúvidas sobre as anotações que ora descrevemos.

---

[32] Mateus, 6:19.

[33] João, 13:35.

Perambular pelas adjacências das propostas espíritas será forte tendência de todos nós, Espíritos em busca da remissão consciencial. Entretanto, os conteúdos registrados pela "Plêiade Verdade" são por demais esclarecedores ao assinalar que a caridade, entendida como o sublime mecanismo de intercâmbio e solidariedade relacional, é a prioridade de nossos projetos espirituais em quaisquer formas como se estruturem.

Humanização da seara, eis a meta!

Sem caridade não teremos jamais a educação, e sem educarmo-nos fugimos do objetivo primacial do Espiritismo e iludimo-nos com o velho instinto de posse no acúmulo de vitórias transitórias junto aos palanques do verbo eloquente, do assistencialismo superficial, do controle personalista, em improdutiva atividade a qual, inadvertidamente, nomeamos como sendo trabalho, zelo e dedicação, e terminamos afogados no fascínio sobre os méritos pessoais, em sofrível crise de personalismo.

Não é por outro motivo que aqui, nos planos da vida imortal, lamentavelmente temos amparado em nome do amor muitas almas distraídas de seus deveres, junto aos campos do serviço espírita da Terra. Trazem para cá extensa quota de enganos acerca de sua realidade espiritual, supondo-se, em grande maioria, detentores de tesouros ou créditos que não fizeram por merecer. Justificando medidas e ações, decisões e escolhas, com criativo e frágil desculpismo e dotados de arrogância e autoritarismo, quando percebem que não se encontram na vida espiritual tão seguros quanto pareciam no mundo físico, descobrem, pouco a pouco, as impetuosas armadilhas que desenvolveram contra si próprios, passando por longo estágio de perturbação e inconformação até resgatarem a humildade, para reconhecerem que, em verdade, serviram a si mesmos e não ao Senhor da Vinha, amargando doloroso sentimento de culpa e arrependimento que somente em novas e mais promissoras oportunidades, em outras reencarnações, poderão expurgar a preço de testemunhos e dores, trabalho e esforço, na conquista do triunfo sobre si.

Segurança, portanto, é sinônimo de acúmulo de bens interiores. Talvez por isso Allan Kardec considera, em nosso tópico de análise, que há mais segurança quanto à eficácia dos elementos que compõem agregados menos numerosos, deixando entender a importância de relações sólidas, sadias e venturosas para o bem de todos. Cria-se assim melhores condições para uma legítima segurança, em razão de nos permitir maior introspecção que identifique necessidades de profundidade e, também, dilatarmos o patrimônio da cooperação uns com os outros, ante a extensão de nossas mazelas milenares.

Humanização e segurança

Busquemos a segurança, a conservação íntima e pessoal no bem do próximo, pautando nossas vidas pela abnegação e devotamento.

Sigamos em nosso favor as felizes recomendações da questão 922 de *O livro dos espíritos*, estabelecendo-as como os pilares de uma reencarnação segura e vencedora:

> *"A felicidade terrestre é relativa à posição de cada um. O que basta para a felicidade de um, constitui a desgraça de outro. Haverá, contudo, alguma soma de felicidade comum a todos os homens?*
>
> *Com relação à vida material, é a posse do necessário. Com relação à vida moral, a consciência tranquila e a fé no futuro."*

Capítulo 30

Educandário do amor

"Para o objetivo providencial, portanto, é que devem
tender todas as Sociedades espíritas sérias, grupando
todos os que se achem animados dos mesmos sentimentos.
Então, haverá união entre elas, simpatia, fraternidade,
em vez de vão e pueril antagonismo, nascido do amor-
próprio, mais de palavras do que de fatos; então, elas
serão fortes e poderosas, porque assentarão em inabalável
alicerce: o bem para todos; então, serão respeitadas e
imporão silêncio à zombaria tola, porque falarão em
nome da moral evangélica, que todos respeitam".

O livro dos médiuns - cap. 29 - item 350

Os exercícios de caridade promovidos pelos nossos núcleos
espíritas são ocupações de relevância em um mundo como
a Terra.

Pessoas que até ontem se importavam somente consigo
mesmas, em atitudes de egoísmo e desonestidade, muitas
vezes, encontram nos serviços da benemerência e da caridade o conforto que suas almas perderam há séculos. Por
meio dos atos de solidariedade e doação ensaiam os novos
sentimentos que no futuro passarão a integrar melhores

roteiros de sua caminhada espiritual. Por isso, qualquer programa de apoio e sustentação, assistência e amparo são nobres iniciativas que a casa espírita pode erguer, sobretudo, a bem de quem tomará sobre si a oportunidade de cooperar.

Nesse sentido, o centro espírita, em suas feições de hospital da alma e oficina de trabalho, na missão de auxiliar e amparar, é das mais enobrecedoras instituições do orbe.

Contudo, após mais de um século de Espiritismo, é chegado o instante oportuno para aprimorarmos as concepções acerca do papel do centro espírita para quantos lhe comungam a rotina, dilatando sua finalidade e situando-o como Educandário do Amor, cujo objetivo principal seja a formação do homem de bem.

Apesar das respeitáveis conquistas efetuadas pelas nossas organizações, ninguém tem dúvidas do quanto ainda temos por melhorá-las no que diz respeito às suas possibilidades na esfera da educação e da instrução, promovendo seus trabalhadores, pelo refinamento da renovação, à condição de reciclagem moral no seu caráter e no desenvolvimento de seus potenciais afetivos.

As últimas descobertas científicas, fruto de pesquisas sérias nas áreas psicológicas e neurológicas, apontam para o analfabetismo emocional da humanidade, reformulando o paradigma do sucesso e da inteligência humana, deslocando-o do raciocínio para a emoção. Psicólogos eminentes destacam a necessidade de uma educação voltada para a inteligência emocional uniformemente à instrução intelectiva ou cognitiva, demonstrando, por estudos, que criaturas as quais administram melhor seus sentimentos têm maiores probabilidades de sucesso e equilíbrio nos trâmites da vida.

Perfeitamente afinada com a propositura educacional do Espiritismo, essas revelações incentivam que o centro espírita seja um ambiente que alfabetize a razão e igualmente o coração.

Nenhuma instituição humana está tão aparelhada de teoria para atender as necessidades humanas quanto o centro espírita que se rege pelos legítimos postulados da Codificação Kardequiana e o Evangelho de Jesus.

Fazer melhor aplicação desses recursos, principalmente para os que lhe usufruem os deveres, dia a dia, constitui o desafio para o momento nessa tarefa de promover as atividades doutrinárias ao patamar de programas de educação e elevação do amor humano.

Basta rápido olhar e perceberemos os irmãos de ideal sofrendo a síndrome de ser amado em pleno trabalho de amor ao próximo.

Busca-se o bem e ajuda-se o necessitado em ações de renúncia e esforço, deslocando-se quilômetros para beneficiar assistidos, todavia, nem sempre se é caridoso e afetuoso com aqueles que estão próximos e partilham conosco as alegrias do trabalho cristão, deixando uma vasta lacuna nas relações entre os irmãos de ideal.

As relações superficiais têm como principal reflexo a solidão em grupo. Constatamos inúmeros casos dessa ordem em nossa seara. Essa solidão injustificável é semelhante ao viajante no deserto que, tendo sede, encontra um oásis; no entanto, opta pela inércia e esconde-se, apesar de sua necessidade, temendo beberricar uma água envenenada ou ser surpreendido com a presença de assaltantes naquele lugar.

O centro espírita, esse oásis de luz espiritual, quase sempre, tem sido lugar de temores, de esconderijos emocionais. O próprio orgulho, nosso velho inimigo, tem provocado esse afastamento quando elabora autoimagens de perfectibilidade e perfeccionismo nos seareiros. Com esse conceito de si, temem por se expor moralmente, escondendo-se em máscaras de falso equilíbrio para que os outros não lhe conheçam as limitações interiores. Sendo assim agem como bons espíritas para os outros, deixando-se à míngua. Amam o próximo e desamam a si próprios.

Capítulo 30

O tempo converte essa situação em inevitável hipocrisia e/ou puritanismo, minando as resistências morais e levando seus portadores à obsessão sutil e infelicitadora, que faz suas vítimas crerem que algumas concessões da conduta podem ser compensadas com os serviços no bem. A partir de então são criados complexos mecanismos na desestruturação lenta e gradativa da vida íntima. Nesse emaranhado mental perde-se a noção do verossímil e vive-se uma realidade sob a tutela de forças sombrias.

Somente o diálogo franco seguido da firme disposição de mudar pode alterar os rumos de tais quadros.

Nesse sentido chamamos a atenção de grande parte de nossos dirigentes espíritas que têm ouvido e amparado muitos corações, não possuindo, por sua vez, quem lhes possa orientar ou avaliar seus esforços. Sozinhos, sentindo-se na obrigação de darem o melhor de si, terminam por afundar-se em posturas de aparente vitalidade moral; entretanto, seu mundo interior, frequentemente, vagueia para as fronteiras com o colapso da sua saúde mental e afetiva.

Embora destaquemos a feição de escola de Espiritismo em nossos celeiros doutrinários, chega o momento de promovê-los a essa condição de cátedra para educação do afeto cristão, uma escola do Espírito, sem o que o conhecimento tornar-se-á diretriz para os raciocínios, deixando o coração desprovido do alimento das emoções nobres, compartilhadas por uma convivência educativa e geradora de estímulo para os ideais de progresso.

A convivência espírita, que deveria ser mais plena e rica de amor, nem sempre tem correspondido às esperanças de muitos corações generosos e sinceros, dispostos a trocas enriquecedoras nos campos do coração que, por descuido, terminam por arrefecer seu afeto criando para si aquele calabouço desprezível das relações superficiais.

Nossos ambientes apelam para a necessidade imperiosa de um intercâmbio saudável através de abundante afeto cristão, por mais alegria, com a necessária disciplina, por mais sorrisos e instantes de descontração com a precisa integridade e pela coragem de amar como se deve em substituição ao nosso amar como se quer, que, em verdade, é o doentio querer ser amado.

Fechar o coração aos ditames do amor é oportunizar riscos reais e perdas possíveis.

Amemos com o Evangelho. Amemos com o Espiritismo.

Nada deve nos deter nessa marcha.

Promovamos nossas casas à condição de educandários de amor, exemplificando aos nossos companheiros de jornada que o conhecimento espírita na prática é o Amor em dinamismo.

Nossas lideranças estejam conscientes de suas responsabilidades e tonifiquem a crença no amor em atos de integridade moral e amizade cristalina, que sirvam de referências saudáveis aos que chegam ávidos de atenção e amor.

Sejamos afetuosos uns com os outros e não tenhamos receio de demonstrar por palavras e atitudes as expressões superiores do que sentimos, ainda que não sejamos prontamente entendidos ou mesmo correspondidos.

Se nos perguntarem se o afeto tem limites, responderemos dizendo que o limite do afeto é o dever e a integridade moral que são suas bases, pois, passando disso, não é afeto e sim desejo, e nossos desejos nem sempre são afinados com os propósitos maiores que só o amor verdadeiro pode lhes conferir.

Se não tentarmos, jamais aprenderemos.

Se não começarmos, jamais saberemos como fazer.

Não tenhamos medo de amar e a vida nos responderá com lições preciosas no nosso reencaminhamento para aplicar a força do amor no bem de todos.

Jesus, o Emissário Divino, estabeleceu para os seus discípulos o amor como sendo a religião cósmica que deveriam

Educandário do amor

seguir, e até hoje ecoa sonoramente em nossas vidas os seus dizeres inesquecíveis que nos convocam a uma vida plena de afeto:

"Nisto todos reconhecerão que sois meus discípulos, se vos amardes uns aos outros".[34]

[34] João, 13:35.

FICHA TÉCNICA

TÍTULO
Laços de Afeto: Caminhos do amor na convivência

AUTORIA
Espírito Ermance Dufaux
Psicografado por Wanderley Oliveira

EDIÇÃO
3ª

EDITORA
Dufaux (Belo Horizonte MG)

ISBN
978-85-63365-05-7

CAPA
César Oliveira

REVISÃO
Mary Ferrarini - ReviNews Apoio Editorial Ltda.

PROJETO GRÁFICO
César Oliveira

DIAGRAMAÇÃO
César Oliveira

COMPOSIÇÃO
Windows 10

PÁGINAS
313

TAMANHO DO MIOLO
16x23 cm

TIPOGRAFIA
Bauer Bodoni

MARGENS
20, 25, 23, 20

PAPEL
Miolo Avena 80g/m2
Capa papel DuoDesign 250g/m2

CORES
1x1

IMPRESSÃO
AtualDV (Curitiba/PR)

ACABAMENTO
Miolo: Brochura, cadernos colados
Capa com orelhas, laminação fosca

TIRAGEM
Sob demanda

PRODUÇÃO
Fevereiro 2022

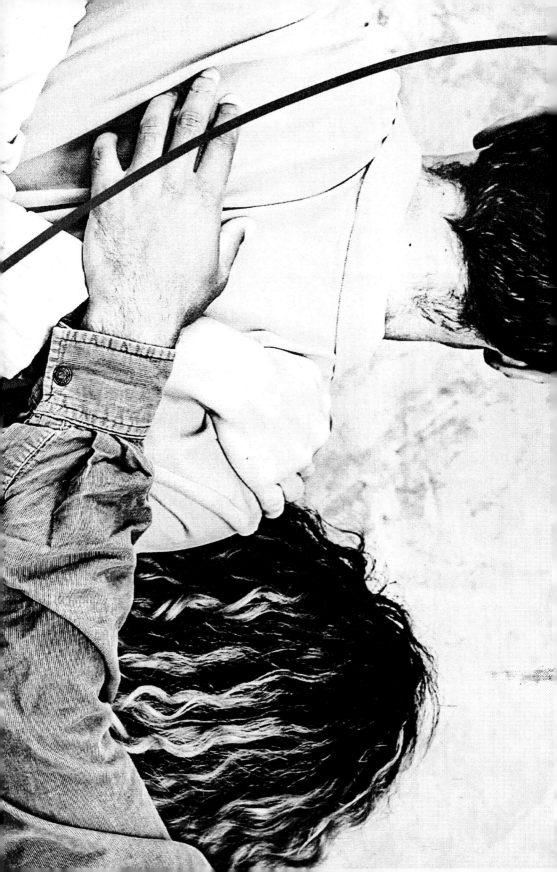

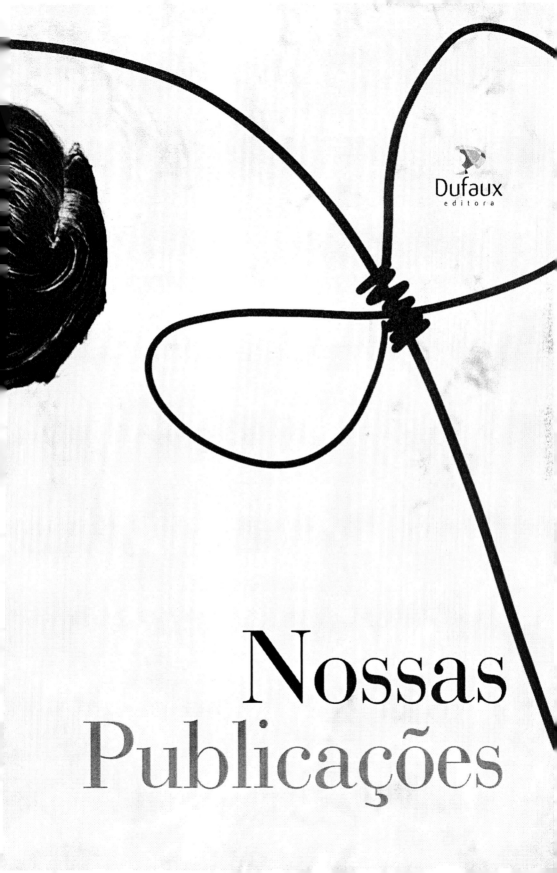

Dufaux
editora

Nossas
Publicações

SÉRIE AUTOCONHECIMENTO

DEPRESSÃO E AUTOCONHECIMENTO - COMO EXTRAIR PRECIOSAS LIÇÕES DESSA DOR

A proposta de tratamento complementar da depressão aqui abordada tem como foco a educação para lidar com nossa dor, que muito antes de ser mental, é moral.

Wanderley Oliveira
16 x 23 cm
235 páginas

FALA, PRETO VELHO

Um roteiro de autoproteção energética através do autoamor. Os textos aqui desenvolvidos permitem construir nossa proteção interior por meio de condutas amorosas e posturas mentais positivas, para criação de um ambiente energético protetor ao redor de nossas vidas.

Wanderley Oliveira | Pai João de Angola
16 x 23 cm
291 páginas

QUAL A MEDIDA DO SEU AMOR?

Propõe revermos nossa forma de amar, pois estamos mais próximos de uma visão particularista do que de uma vivência autêntica desse sentimento. Superar limites, cultivar relações saudáveis e vencer barreiras emocionais são alguns dos exercícios na construção desse novo olhar.

Wanderley Oliveira | Ermance Dufaux
16 x 23 cm
208 páginas

APAIXONE-SE POR VOCÊ

Você já ouviu alguém dizer para outra pessoa: "minha vida é você"?
Enquanto o eixo de sua sustentação psicológica for outra pessoa, a sua vida estará sempre ameaçada, pois o medo da perda vai rondar seus passos a cada minuto.

Wanderley Oliveira
16 x 23 cm
152 páginas

A VERDADE ALÉM DAS APARÊNCIAS - O UNIVERSO INTERIOR

Liberte-se da ansiedade e da angústia, direcionando o seu espírito para o único tempo que realmente importa: o presente. Nele você pode construir um novo olhar, amplo e consciente, que levará você a enxergar a verdade além das aparências.

Samuel Gomes
16 x 23 cm
272 páginas

DESCOMPLIQUE, SEJA LEVE

Um livro de mensagens para apoiar sua caminhada na aquisição de uma vida mais suave e rica de alegrias na convivência.

Wanderley Oliveira
16 x 23 cm
238 páginas

7 CAMINHOS PARA O AUTOAMOR

O tema central dessa obra é o autoamor que, na concepção dos educadores espirituais, tem na autoestima o campo elementar para seu desenvolvimento. O autoamor é algo inato, herança divina, enquanto a autoestima é o serviço laborioso e paciente de resgatar essa força interior, ao longo do caminho de volta à casa do Pai.

Wanderley Oliveira | Pai João de Angola
16 x 23 cm
272 páginas

A REDENÇÃO DE UM EXILADO

A obra traz informações sobre a formação da civilização, nos primórdios da Terra, que contou com a ajuda do exílio de milhões de espíritos mandados para cá para conquistar sua recuperação moral e auxiliar no desenvolvimento das raças e da civilização. É uma narrativa do Apóstolo Lucas, que foi um desses enviados, e que venceu suas dificuldades íntimas para seguir no trabalho orientado pelo Cristo.

Samuel Gomes | Lucas
16 x 23 cm
368 páginas

AMOROSIDADE - A CURA DA FERIDA DO ABANDONO

Uma das mais conhecidas prisões emocionais na atualidade é a dor do abandono, a sensação de desamparo. Essa lesão na alma responde por larga soma de aflições em todos os continentes do mundo. Não há quem não esteja carente de ser protegido e acolhido, amado e incentivado nas lutas de cada dia.

Wanderley Oliveira | Ermance Dufaux
16 x 23 cm
300 páginas

MEDIUNIDADE - A CURA DA FERIDA DA FRAGILIDADE

Ermance Dufaux vem tratando sobre as feridas evolutivas da humanidade. A ferida da fragilidade é um dos traços mais marcantes dos aprendizes da escola terrena. Uma acentuada desconexão com o patrimônio da fé e do autoamor, os verdadeiros poderes da alma.

Wanderley Oliveira | Ermance Dufaux
16 x 23 cm
235 páginas

CONECTE-SE A VOCÊ - O ENCONTRO DE UMA NOVA MENTALIDADE QUE TRANSFORMARÁ A SUA VIDA

Este livro vai te estimular na busca de quem você é verdadeiramente. Com leitura de fácil assimilação, ele é uma viagem a um país desconhecido que, pouco a pouco, revela características e peculiaridades que o ajudarão a encontrar novos caminhos. Para esta viagem, você deve estar conectado a sua essência. A partir daí, tudo que você fizer o levará ao encontro do propósito que Deus estabeleceu para sua vida espiritual.

Rodrigo Ferretti
16 x 23 cm
256 páginas

APOCALIPSE SEGUNDO A ESPIRITUALIDADE - O DESPERTAR DE UMA NOVA CONSCIÊNCIA

Num curso realizado em uma colônia do plano espiritual, o livro Apocalipse, de João Evangelista, é estudado de forma dinâmica e de fácil entendimento, desvendando a simbologia das figuras místicas sob o enfoque do autoconhecimento.

Samuel Gomes
16 x 23 cm
313 páginas

VIDAS PASSADAS E HOMOSSEXUALIDADE - CAMINHOS QUE LEVAM À HARMONIA

"Vidas Passadas e Homossexualidade" é, antes de tudo, um livro sobre o autoconhecimento. E, mais que uma obra que trada do uso prático da Terapia de Regressão às Vidas Passadas . Em um conjunto de casos, ricamente descritos, o leitor poderá compreender a relação de sua atual encarnação com aquelas que ele viveu em vidas passadas. O obra mostra que absolutamente tudo está interligado. Se o leitor não encontra respostas sobre as suas buscas psicológicas nesta vida, ele as encontrará conhecendo suas vidas passadas.
Samuel Gomes

Dra. Solange Cigagna
16 x 23 cm
364 páginas

SÉRIE CONSCIÊNCIA DESPERTA

SAIA DO CONTROLE - UM DIÁLOGO TERAPEUTICO E LIBERTADOR ENTRE A MENTE E A CONSCIÊNCIA

Agimos de forma instintiva por não saber observar os pensamentos e emoções que direcionam nossas ações de forma condicionada. Por meio de uma observação atenta e consciente, identificando o domínio da mente em nossas vidas, passamos a viver conscientes das forças internas que nos regem.

Rossano Sobrinho
16 x 23 cm
268 páginas
ebook

SÉRIE CULTO NO LAR

VIBRAÇÕES DE PAZ EM FAMÍLIA

Quando a família se reúne para orar, ou mesmo um de seus componentes, o ambiente do lar melhora muito. As preces são emissões poderosas de energia que promovem a iluminação interior. A oração em família traz paz e fortalece, protege e ampara a cada um que se prepara para a jornada terrena rumo à superação de todos os desafios.

Wanderley Oliveira | Ermance Dufaux
16 x 23 cm
212 páginas
ebook

JESUS - A INSPIRAÇÃO DAS RELAÇÕES LUMINOSAS

Após o sucesso de "Emoções que curam", o espírito Ermance Dufaux retorna com um novo livro baseado nos ensinamentos do Cristo, destacando que o autoamor é a garantia mais sólida para a construção de relacionamentos luminosos.

Wanderley Oliveira | Ermance Dufaux
16 x 23 cm
304 páginas
ebook

REGENERAÇÃO - EM HARMONIA COM O PAI

Nos dias em que a Terra passa por transformações fundamentais, ampliando suas condições na direção de se tornar um mundo regenerado, é necessário desenvolvermos uma harmonia inabalável para aproveitar as lições que esses dias nos proporcionam por meio das nossas decisões e das nossas escolhas, [...].

Samuel Gomes | Diversos Espíritos
16 x 23 cm
223 páginas
ebook

PRECES ESPÍRITAS

Porque e como orar?
O modo como oramos influi no resultado de nossas preces?
Existe um jeito certo de fazer a oração?
Allan Kardec nos afirma que *"não há fórmula absoluta para a prece"*, mas o próprio Evangelho nos orienta que *"quando oramos, devemos entrar no nosso aposento interno do coração e, fechando a porta, busquemos Deus que habita em nós; e Ele, que vê nossa mais secreta realidade espiritual, nos amparará em todas as necessidades. Ao orarmos, evitemos as repetições de orações realizadas da boca para fora, como muitos que pensam que por muito falarem serão ouvidos. Oremos a Deus em espírito e verdade porque nosso Pai sabe o que nos é necessário, antes mesmo de pedirmos"*.
(Mateus 6:5 a 8)

Allan Kardec
16 x 23 cm
145 páginas

O EVANGELHO SEGUNDO O ESPIRITISMO

O Evangelho de Jesus Cristo foi levado ao mundo por meio de seus discípulos, logo após o desencarne do Mestre na cruz. Mas o Evangelho de Cristo foi, muitas vezes, alterado e deturpado através de inúmeras edições e traduções do chamado Novo Testamento. Agora, a Doutrina Espírita, por meio de um trabalho sob a óptica dos espíritos e de Allan Kardec, vem jogar luz sobre a verdadeira face de Cristo e seus ensinamentos de perdão, caridade e amor.

Allan Kardec
16 x 23 cm
431 páginas

SÉRIE DESAFIOS DA CONVIVÊNCIA

QUEM SABE PODE MUITO. QUEM AMA PODE MAIS

A lição central desta obra é mostrar que o conhecimento nem sempre é suficiente para garantir a presença do amor nas relações. "Estar informado é a primeira etapa. Ser transformado é a etapa da maioridade." - Eurípedes Barsanulfo.

Wanderley Oliveira | José Mário
16 x 23 cm
312 páginas

QUEM PERDOA LIBERTA - ROMPER OS FIOS DA MÁGOA ATRAVÉS DA MISERICÓRDIA

Continuação do livro "QUEM SABE PODE MUITO. QUEM AMA PODE MAIS" dando sequência à trilogia "Desafios da Convivência".

Wanderley Oliveira | José Mário
16 x 23 cm
320 páginas

SERVIDORES DA LUZ NA TRANSIÇÃO PLANETÁRIA

Nesta obra recebemos o convite para nos integrar nas fileiras dos Servidores da Luz, atuando de forma consciente diante dos desafios da transição planetária. Brilhante fechamento da trilogia.

Wanderley Oliveira | José Mário
14x21 cm
298 páginas

SÉRIE ESPÍRITOS DO BEM

GUARDIÕES DO CARMA - A MISSÃO DOS EXUS NA TERRA

Pai João de Angola quebra com o preconceito criado em torno dos exus e mostra que a missão deles na Terra vai além do que conhecemos. Na verdade, eles atuam como guardiões do carma, nos ajudando nos principais aspectos de nossas vidas.

Wanderley Oliveira | Pai João de Angola
16 x 23 cm
288 páginas

GUARDIÃS DO AMOR - A MISSÃO DAS POMBAGIRAS NA TERRA

"São um exemplo de amor incondicional e de grandeza da alma. São mães dos deserdados e angustiados. São educadoras e desenvolvedoras do sagrado feminino, e nesse aspecto são capazes de ampliar, nos homens e nas mulheres, muitas conquistas que abrem portas para um mundo mais humanizado, [...]".

Wanderley Oliveira | Pai João de Angola
16 x 23 cm
232 páginas

GUARDIÕES DA VERDADE - NADA FICARÁ OCULTO

Neste momento de batalhas decisivas rumo aos tempos da regeneração, esta obra é um alerta que destaca a importância da autenticidade nas relações humanas e da conduta ética como bases para uma forma transparente de viver. A partir de agora, nada ficará oculto, pois a Verdade é o único caminho que aguarda a humanidade para diluir o mal e se estabelecer na realidade que rege o universo.

Wanderley Oliveira | Pai João de Angola
16 x 23 cm
236 páginas

SÉRIE ESTUDOS DOUTRINÁRIOS

ATITUDE DE AMOR

Opúsculo contendo a palestra "Atitude de Amor" de Bezerra de Menezes, o debate com Eurípedes Barsanulfo sobre o período da maioridade do Espiritismo e as orientações sobre o "movimento atitude de amor". Por uma efetiva renovação pela educação moral.

Wanderley Oliveira | Ermance Dufaux e Cícero Pereira
14 x 21 cm
94 páginas

ebook

SEARA BENDITA

Um convite à reflexão sobre a urgência de novas posturas e conceitos. As mudanças a adotar em favor da construção de um movimento social capaz de cooperar com eficácia na espiritualização da humanidade.

Wanderley Oliveira e Maria José Costa | Diversos Espíritos
14 x 21 cm
284 páginas

Gratuito em nosso site, somente em:

NOTÍCIAS DE CHICO

"Nesta obra, Chico Xavier afirma com seu otimismo natural que a Terra caminha para uma regeneração de acordo com os projetos de Jesus, a caracterizar-se pela tolerância humana recíproca e que precisamos fazer a nossa parte no concerto projetado pelo Orientador Maior, principalmente porque ainda não assumimos responsabilidades mais expressivas na sustentação das propostas elevadas que dizem respeito ao futuro do nosso planeta."

Samuel Gomes | Chico Xavier
16 x 23 cm
181 páginas

ebook

SÉRIE FAMÍLIA E ESPIRITUALIDADE

UM JOVEM OBSESSOR - A FORÇA DO AMOR NA REDENÇÃO ESPIRITUAL

Um jovem conta sua história, compartilhando seus problemas após a morte, falando sobre relacionamentos, sexo, drogas e, sobretudo, da força do amor na redenção espiritual.

Adriana Machado | Jefferson
16 x 23 cm
392 páginas

UM JOVEM MÉDIUM - CORAGEM E SUPERAÇÃO PELA FORÇA DA FÉ

A mediunidade é um canal de acesso às questões de vidas passadas que ainda precisam ser resolvidas. O livro conta a história do jovem Alexandre que, com sua mediunidade, se torna o intermediário entre as histórias de vidas passadas daqueles que o rodeiam tanto no plano físico quanto no plano espiritual. Surpresos com o dom mediúnico do menino, os pais, de formação Católica, se veem às voltas com as questões espirituais que o filho querido traz para o seio da família.

Adriana Machado | Ezequiel
16 x 23 cm
365 páginas

RECONSTRUA SUA FAMÍLIA - CONSIDERAÇÕES PARA O PÓS-PANDEMIA

Vivemos dias de definição, onde nada mais será como antes. Necessário redefinir e ampliar o conceito de família. Isso pode evitar muitos conflitos nas interações pessoais. O autoconhecimento seguido de reforma íntima será o único caminho para transformação do ser humano, das famílias, das sociedades e da humanidade.

Dr. Américo Canhoto
16 x 23 cm
237 páginas

SÉRIE HARMONIA INTERIOR

LAÇOS DE AFETO - CAMINHOS DO AMOR NA CONVIVÊNCIA

Uma abordagem sobre a importância do afeto em nossos relacionamentos para o crescimento espiritual. São textos baseados no dia a dia de nossas experiências. Um estímulo ao aprendizado mais proveitoso e harmonioso na convivência humana.

Wanderley Oliveira | Ermance Dufaux
16 x 23 cm
312 páginas

 [ESPANHOL]

MEREÇA SER FELIZ - SUPERANDO AS ILUSÕES DO ORGULHO

Um estudo psicológico sobre o orgulho e sua influência em nossa caminhada espiritual. Ermance Dufaux considera essa doença moral como um dos mais fortes obstáculos à nossa felicidade, porque nos leva à ilusão.

Wanderley Oliveira | Ermance Dufaux
16 x 23 cm
296 páginas

 [ESPANHOL]

REFORMA ÍNTIMA SEM MARTÍRIO - AUTOTRANSFORMAÇÃO COM LEVEZA E ESPERANÇA

As ações em favor do aperfeiçoamento espiritual dependem de uma relação pacífica com nossas imperfeições. Como gerenciar a vida íntima sem adicionar o sofrimento e sem entrar em conflito consigo mesmo?

Wanderley Oliveira | Ermance Dufaux
16 x 23 cm
288 páginas

 ESPANHOL | INGLÊS

PRAZER DE VIVER - CONQUISTA DE QUEM CULTIVA A FÉ E A ESPERANÇA

Neste livro, Ermance Dufaux, com seus ensinos, nos auxilia a pensar caminhos para alcançar nossas metas existenciais, a fim de que as nossas reencarnações sejam melhor vividas e aproveitadas.

Wanderley Oliveira | Ermance Dufaux
16 x 23 cm
248 páginas

ESCUTANDO SENTIMENTOS - A ATITUDE DE AMAR-NOS COMO MERECEMOS

Ermance afirma que temos dado passos importantes no amor ao próximo, mas nem sempre sabemos como cuidar de nós, tratando-nos com culpas, medos e outros sentimentos que não colaboram para nossa felicidade.

Wanderley Oliveira | Ermance Dufaux
16 x 23 cm
256 páginas

 ESPANHOL

DIFERENÇAS NÃO SÃO DEFEITOS - A RIQUEZA DA DIVERSIDADE NAS RELAÇÕES HUMANAS

Ninguém será exatamente como gostaríamos que fosse. Quando aprendemos a conviver bem com os diferentes e suas diferenças, a vida fica bem mais leve. Aprenda esse grande SEGREDO e conquiste sua liberdade pessoal.

Wanderley Oliveira | Ermance Dufaux
16 x 23 cm
248 páginas

EMOÇÕES QUE CURAM - CULPA, RAIVA E MEDO COMO FORÇAS DE LIBERTAÇÃO

Um convite para aceitarmos as emoções como forma terapêutica de viver, sintonizando o pensamento com a realidade e com o desenvolvimento da autoaceitação.

Wanderley Oliveira | Ermance Dufaux
16 x 23 cm
272 páginas
ebook

SÉRIE REFLEXÕES DIÁRIAS

PARA SENTIR DEUS

Nos momentos atuais da humanidade sentimos extrema necessidade da presença de Deus. Ermance Dufaux resgata, para cada um, múltiplas formas de contato com Ele, de como senti-Lo em nossas vidas, nas circunstâncias que nos cercam e nos semelhantes que dividem conosco a jornada reencarnatória. Ver, ouvir e sentir Deus em tudo e em todos.

Wanderley Oliveira | Ermance Dufaux
11 x 15,5 cm
133 páginas
Somente ebook

LIÇÕES PARA O AUTOAMOR

Mensagens de estímulo na conquista do perdão, da aceitação e do amor a si mesmo. Um convite à maravilhosa jornada do autoconhecimento que nos conduzirá a tomar posse de nossa herança divina.

Wanderley Oliveira | Ermance Dufaux
11 x 15,5 cm
128 páginas
Somente ebook

RECEITAS PARA A ALMA

Mensagens de conforto e esperança, com pequenos lembretes sobre a aplicação do Evangelho para o dia a dia. Um conjunto de propostas que se constituem em verdadeiros remédios para nossas almas.

Wanderley Oliveira | Ermance Dufaux
11 x 15,5 cm
146 páginas
Somente ebook

SÉRIE REGENERAÇÃO

FUTURO ESPIRITUAL DA TERRA

As necessidades, as estruturas perispirituais e neuropsíquicas, o trabalho, o tempo, as características sociais e os próprios recursos de natureza material se tornarão bem mais sutis. O futuro já está em construção e André Luiz, através da psicografia de Samuel Gomes, conta como será o Futuro Espiritual da Terra.

Samuel Gomes | André Luiz
16 x 23 cm
344 páginas

XEQUE-MATE NAS SOMBRAS - A VITÓRIA DA LUZ

André Luiz traz notícias das atividades que as colônias espirituais, ao redor da Terra, estão realizando para resgatar os espíritos que se encontram perdidos nas trevas e conduzi-los a passar por um filtro de valores, seja para receberem recursos visando a melhorar suas qualidades morais – se tiverem condições de continuar no orbe – seja para encaminhá-los ao degredo planetário.

Samuel Gomes | André Luiz
16 x 23 cm
212 páginas

ebook

A DECISÃO - CRISTOS PLANETÁRIOS DEFINEM O FUTURO ESPIRITUAL DA TERRA

"Os Cristos Planetários do Sistema Solar e de outros sistemas se encontram para decidir sobre o futuro da Terra na sua fase de regeneração. Numa reunião que pode ser considerada, na atualidade, uma das mais importantes para a humanidade terrestre, Jesus faz um pronunciamento direto sobre as diretrizes estabelecidas por Ele para este período."

Samuel Gomes | André Luiz e Chico Xavier
16 x 23 cm
210 páginas

 ## SÉRIE ROMANCE MEDIÚNICO

OS DRAGÕES - O DIAMANTE NO LODO NÃO DEIXA DE SER DIAMANTE

Um relato leve e comovente sobre nossos vínculos com os grupos de espíritos que integram as organizações do mal no submundo astral.

Wanderley Oliveira | Maria Modesto Cravo
16 x 23cm
522 páginas

LÍRIOS DE ESPERANÇA

Ermance Dufaux alerta os espíritas e lidadores do bem de um modo geral, para as responsabilidades urgentes da renovação interior e da prática do amor neste momento de transição evolutiva, através de novos modelos de relação, como orientam os benfeitores espirituais.

Wanderley Oliveira | Ermance Dufaux
16 x 23 cm
508 páginas

AMOR ALÉM DE TUDO

Regras para seguir e rótulos para sustentar. Até quando viveremos sob o peso dessas ilusões? Nessa obra reveladora, Dr. Inácio Ferreira nos convida a conhecer a verdade acima das aparências. Um novo caminho para aqueles que buscam respeito às diferenças e o AMOR ALÉM DE TUDO.

Wanderley Oliveira | Inácio Ferreira
16 x 23 cm
252 páginas

ABRAÇO DE PAI JOÃO

Pai João de Angola retorna com conceitos simples e práticos, sobre os problemas gerados pela carência afetiva. Um romance com casos repletos de lutas, desafios e superações. Esperança para que permaneçamos no processo de resgate das potências divinas de nosso espírito.

Wanderley Oliveira | Pai João de Angola
16 x 23 cm
224 páginas

UM ENCONTRO COM PAI JOÃO

A obra também fala do valor de uma terapia, da necessidade do autoconhecimento, dos tipos de casamentos programados antes do reencarne, dos processos obsessivos de variados graus e do amparo de Deus para nossas vidas por meio dos amigos espirituais e seus trabalhadores encarnados. Narra também em detalhes a dinâmica das atividades socorristas do centro espírita.

Wanderley Oliveira | Pai João de Angola
16 x 23 cm
220 páginas

O LADO OCULTO DA TRANSIÇÃO PLANETÁRIA

O espírito Maria Modesto Cravo aborda os bastidores da transição planetária com casos conectados ao astral da Terra.

Wanderley Oliveira | Maria Modesto Cravo
16 x 23 cm
288 páginas

PERDÃO - A CHAVE PARA A LIBERDADE

Neste romance revelador, conhecemos Onofre, um pai que enfrenta a perda de seu único filho com apenas oito anos de idade. Diante do luto e diversas frustrações, um processo desafiador de autoconhecimento o convida a enxergar a vida com um novo olhar. Será essa a chave para a sua libertação?

Adriana Machado | Ezequiel
14 x 21 cm
288 páginas

ebook

1/3 DA VIDA - ENQUANTO O CORPO DORME A ALMA DESPERTA

A atividade noturna fora da matéria representa um terço da vida no corpo físico, e é considerada por nós como o período mais rico em espiritualidade, oportunidade e esperança.

Wanderley Oliveira | Ermance Dufaux
16 x 23 cm
279 páginas

ebook

NEM TUDO É CARMA, MAS TUDO É ESCOLHA

Somos todos agentes ativos das experiências que vivenciamos e não há injustiças ou acasos em cada um dos aprendizados.

Adriana Machado | Ezequiel
16 x 23 cm
536 páginas

ebook

RETRATOS DA VIDA - AS CONSEQUÊNCIAS DO DESCOMPROMETIMENTO AFETIVO

Túlio costumava abstrair-se da realidade, sempre se imaginando pintando um quadro; mais especificamente pintando o rosto de uma mulher.
Vivendo com Dora um casamento já frio e distante, uma terrível e insuportável dor se abate sobre sua vida. A dor era tanta que Túlio precisou buscar dentro de sua alma uma resposta para todas as suas angústias..

Clotilde Fascioni
16 x 23 cm
175 páginas

O PREÇO DE UM PERDÃO - AS VIDAS DE DANIEL

Daniel se apaixona perdidamente e, por várias vidas, é capaz de fazer qualquer coisa para alcançar o objetivo de concretizar o seu amor. Mas suas atitudes, por mais verdadeiras que sejam, o afastam cada vez mais desse objetivo. É quando a vida o para.

André Figueiredo e Fernanda Sicuro | Espírito Bruno
16 x 23 cm
333 páginas

ebook

LIVROS QUE TRANSFORMAM VIDAS!

Acompanhe nossas redes sociais

(lançamentos, conteúdos e promoções)

- @editoradufaux
- facebook.com/EditoraDufaux
- youtube.com/user/EditoraDufaux

Conheça nosso catálogo e mais sobre nossa editora. Acesse os nossos sites

Loja Virtual

- www.dufaux.com.br

eBooks, conteúdos gratuitos e muito mais

- www.editoradufaux.com.br

Entre em contato com a gente.

Use os nossos canais de atendimento

- (31) 99193-2230
- (31) 3347-1531
- www.dufaux.com.br/contato
- sac@editoradufaux.com.br
- Rua Contria, 759 | Alto Barroca | CEP 30431-028 | Belo Horizonte | MG